La guerra de Corinto

Fuentes antiguas e historiografía moderna

César Fornis

BAR International Series 1652
2007

Published in 2016 by
BAR Publishing, Oxford

BAR International Series 1652

La guerra de Corinto

ISBN 978 1 4073 0088 7

© C Fornis and the Publisher 2007

The author's moral rights under the 1988 UK Copyright,
Designs and Patents Act are hereby expressly asserted.

All rights reserved. No part of this work may be copied, reproduced, stored,
sold, distributed, scanned, saved in any form of digital format or transmitted
in any form digitally, without the written permission of the Publisher.

BAR Publishing is the trading name of British Archaeological Reports (Oxford) Ltd.
British Archaeological Reports was first incorporated in 1974 to publish the BAR
Series, International and British. In 1992 Hadrian Books Ltd became part of the BAR
group. This volume was originally published by Archaeopress in conjunction with
British Archaeological Reports (Oxford) Ltd / Hadrian Books Ltd, the Series principal
publisher, in 2007. This present volume is published by BAR Publishing, 2016.

Printed in England

PUBLISHING

BAR titles are available from:

        BAR Publishing
        122 Banbury Rd, Oxford, OX2 7BP, UK
EMAIL   info@barpublishing.com
PHONE +44 (0)1865 310431
FAX   +44 (0)1865 316916
        www.barpublishing.com

A Domingo Plácido,
διδάσκαλος καὶ φίλος

Prefacio

Ocho años después de publicar *La guerra del Peloponeso* como Anejo 3 de la revista *Tempus* (Madrid, Ediciones Clásicas, 1998), acometemos, esta vez en solitario y en los B.A.R., idéntica tarea de ofrecer una actualización bibliográfica acompañada de comentario crítico sobre un período concreto de la historia de Grecia, el marcado por la guerra de Corinto, conflicto que entre los años 395 y 386 a.C. enfrentó a la potencia hegemónica del momento, Esparta, con una coalición integrada por cuatro poderosos estados (Atenas, Beocia, Argos y Corinto) y alentada por el respaldo económico del persa. Como entonces, nuestra voluntad ha sido poner a disposición del estudioso del mundo antiguo una herramienta más de trabajo que le sirva para una ulterior aproximación a cualquiera de los aspectos relacionados con este tema.

A fin de facilitar la consulta hemos establecido diferentes epígrafes que obedecen tanto a los momentos o fases que se pueden distinguir en el desarrollo de la contienda, junto a los inevitables apartados de causas y consecuencias, como a otros argumentos de carácter temático asociados a la misma. Hemos prescindido de los manuales, tomos o fascículos de colecciones y obras de similares características en los que está comprendida la historia de la Grecia clásica y, por lo tanto, del primer cuarto del siglo IV. Con el objeto de no caer en tediosas repeticiones, cuando una monografía o artículo aborda más de un problema o cuestión, hemos optado siempre que ha sido posible por incluirlo en el enunciado que más se ajuste a la directriz principal de su contenido. Naturalmente las abreviaturas empleadas son las consignadas por *L'Année Philologique*; de otro modo, el nombre de la revista o colección será recogido de forma completa o fácilmente reconocible.

Para finalizar deseamos dejar constancia de que este trabajo se ha preparado en el marco del Proyecto de Investigación «Las sociedades griegas en la guerra de Corinto», financiado por el Ministerio de Educación y Ciencia (HUM 2004-02095). La tranquilidad, el tiempo y los medios bibliográficos necesarios para ponerle fin han llegado durante una estancia estival –gracias a una Ayuda para Movilidad del Profesorado Universitario y de Investigadores del CSIC del mismo Ministerio– en el Friedrich-Meinecke Institut de la Freie Universität de Berlín y en el Seminar für Alte Geschichte de la Westfälische-Wilhems Universität de Münster, donde fui amablemente acogido por los profesores Ernst Baltrusch y Peter Funke.

César Fornis
Universidad de Sevilla

Índice

1. Fuentes 5
    1.1 Literarias 5
        1.1.1 Jenofonte.. 5
        1.1.2 Helénicas de Oxirrinco 7
        1.1.3 El binomio Éforo-Diodoro Sículo 9
        1.1.4 El teatro de Aristófanes 9
        1.1.5 La oratoria ática 11
        1.1.6 Biografía: Plutarco y Cornelio Nepote 13
        1.1.7 Fuentes complementarias.. 14
    1.2 Epigráficas.. 15
    1.3 Papirológicas.. 15
2. Estudios generales 17
3. Estudios regionales... 18
    3.1 Argos.. 18
    3.2 Atenas 18
    3.3 Corinto 21
    3.4 Esparta 22
    3.5 Fliunte 25
    3.6 Mégara 26
    3.7 Persia y Asia Menor.. 26
    3.8 Tebas-Beocia... 28
    3.9 Tesalia.. 30
4. Orígenes y causas de la guerra 31
5. La guerra continental.. 36
6. La guerra naval... 41
7. Diplomacia y derecho interestatal 44
    7.1 Embajadas y tratados de alianza 44
    7.2 Las negociaciones de paz de 392/1 46
    7.3 La «unión» de Corinto y Argos.. 48
8. La paz del Rey o de Antálcidas y las consecuencias de la guerra............. 50
9. Prosopografía 55
    9.1 Ateniense 55
        9.1.1 General.. 55
        9.1.2 Agirrio 56
        9.1.3 Cabrias 56
        9.1.4 Calístrato 56
        9.1.5 Céfalo 56
        9.1.6 Conón 57
        9.1.7 Ifícrates 59
        9.1.8 Trasibulo de Estiria... 59
    9.2 Espartana 60
        9.2.1 General.. 60
        9.2.2 Agesilao II 61
        9.2.3 Antálcidas 62
        9.2.4 Lisandro 62
        9.2.5 Teleutias 64
    9.3 Persa 64
        9.3.1 Tiribazo... 64
        9.3.2 Tisafernes... 64
10. Mercenariado y esclavismo 65
11. Cronología... 67

1. Fuentes

1.1 Literarias

1.1.1 Jenofonte

Las *Helénicas* de Jenofonte constituyen indudablemente la fuente esencial, primaria, para la guerra de Corinto, sobre todo por su continuidad y a pesar de sus clamorosos silencios, su proverbial filolaconismo y su antipatía por los tebanos. El comentario de G.E. Underhill, *A Commentary on the Hellenica of Xenophon*, Oxford, 1900 puede resultar útil aún para alguna cuestión puntual de índole filológica, mas en general deja sentir el paso del tiempo, sobre todo por la imposibilidad de comparación con los fragmentos de las *Helénicas de Oxirrinco*, todavía por descubrir (*vid. infra*). La más que necesaria revisión fue emprendida por Peter Krentz, cuyo segundo volumen, *Xenophon: Hellenika II.3.11.-IV.2.8. Edited with an Introduction, Translation and Commentary*, Warminster, 1995, llega hasta el regreso de Agesilao y el comienzo de la guerra en el continente en el año 395; se espera el volumen III con el comentario (además de traducción) de la parte correspondiente a la guerra de Corinto. Aunque no se trata de un comentario al uso, Christopher Tuplin, *The Failings of Empire. A Reading of Xenophon Hellenica 2.3.11-7.5.27*, *Historia* Suplemento 76, Stuttgart, 1993 se vertebra de forma similar, tomando como base y siguiendo rigurosamente el orden de los capítulos de las *Helénicas* en la delimitación y análisis de los distintos temas sugeridos por el texto. Tampoco es en puridad un comentario el libro de Gerald Proietti, *Xenophon's Sparta. An Introduction*, Mnemosyne Suplemento 98, Leiden, 1987, sustentado por completo en el análisis de las *Helénicas* (hasta la muerte de Lisandro) y en la *República de los lacedemonios*, en el que su autor nos invita a realizar una aproximación más literaria y menos historiográfica a la obra de Jenofonte para comprobar que, según él, ha sido menospreciada injustamente por la crítica moderna. Así, Jenofonte superaría a Tucídides en el estudio psicológico de los personajes y en su conexión con los acontecimientos y en lugar de admirar la forma de gobierno espartiata, criticaría con sutileza su incapacidad para inculcar en los ciudadanos la virtud (lo que explicaría la transformación verificada en Esparta desde su papel de liberadora en la guerra del Peloponeso al de opresora tras la victoria).

Recientemente han visto la luz las actas del primer encuentro monográfico sobre Jenofonte, con la participación de cincuenta y seis estudiosos de distintas nacionalidades y la coordinación de C. Tuplin, quien también asume la edición científica: *Xenophon and his World. Papers from a conference held in Liverpool in July 1999*, *Historia* Suplemento 172, Stuttgart, 2004. El volumen divide las veinticuatro contribuciones seleccionadas para su publicación en ocho secciones: introducción, biografía, relación con Sócrates, contacto con el mundo bárbaro, Esparta, percepción religiosa y política, *Anábasis* y *Helénicas* (esta última la más extensa). Y acaba de celebrarse del 15 al 17 de julio de 2006, en la École Normale Superieure de Lyon y bajo la dirección de Nicolas Richer, otro interesante congreso sobre *Xénophon et Sparte* en el que destacados especialistas han debatido sobre las obras espartiatas de Jenofonte (*Agesilao*, *República de los lacedemonios*), sus fuentes, su visión de los asuntos interiores y de la política exterior de Esparta, etc. Las actas harán el número 32 (2007) de la revista *Ktèma*.

En cuanto a la estructura y composición de las *Helénicas*, el método y objetivos historiográficos de Jenofonte (aunque algunos críticos llegan a negarle la condición de historiador), acribia, experiencias y opiniones personales, etc., nos limitaremos a recoger aquí los estudios monográficos más importantes aparecidos desde la mitad del siglo XX: H.R. Breitenbach, *Historiographische Anschauungsformen Xenophons*, Friburgo, 1950; E. Delebecque, *Essai sur la vie de Xénophon*, París, 1957; W.P. Henry, *Greek Historical Writings. A Historiographical Essay Based on Xenophon's* Hellenica, Chicago 1967; E.M. Soulis, *Xenophon and Thucydides*, Atenas, 1972; J.K. Anderson, *Xenophon*, Londres, 1974; W.E. Higgins, *Xenophon the Athenian. The*

Problem of the Individual and the Society of the Polis, Albany, 1977; R. Nickel, *Xenophon*, Darmstadt, 1979; V.J. Gray, *The Character of the Xenophon's* Hellenica, Londres, 1989; J.-Cl. Riedinger, *Xénophon et l'histoire: Étude sur les* Helléniques, París, 1991; J. Dillery, *Xenophon and the History of his Times*, Londres, 1995.

Más en concreto los trabajos de N. Wood, «Xenophon's Theory of Leadership», *C&M* 25, 1964, 33-66, H.R. Breitenbach, *Xenophon von Athen*, Stuttgart, 1966 (separata de su artículo en *RE* IXA, 1967, 1567-1928, 1981/2-2051, 2502), P. Krafft, «Vier Bespiele des Xenophotischen in Xenophons *Hellenika*», *RhM* 110, 1967, 103-150 y C.H. Grayson «Did Xenophon Intend to Write History?», en B. Levick (ed.), *The Ancient Historian and his Materials. Studies in Honour of C.E. Stevens*, Farborough, 1975, 31-43 observan que la narrativa de Jenofonte está gobernada por un interés por el liderazgo, particularmente el militar, más que por un deseo de registrar los acontecimientos de mayor significación. *A contrario*, Marta Sordi, «I caratteri dell'opera storiografica di Senofonte nelle *Elleniche*», *Athenaeum* 28, 1950, 3-53 y 29, 1951, 273-348 concluye que Jenofonte recibió el influjo tucidídeo y pretendió hacer un auténtico trabajo histórico, sólo que por su propio carácter en ocasiones dicha influencia se quedó en la superficie y no caló profundamente en su espíritu.

Por su parte Paul Cloché, «Les *Helléniques* de Xénophon (livres III-VII) et Lacédémone», *REA* 46, 1944, 12-46 y Eugenio Lanzillotta, «Senofonte e Sparta: note su genesi e storiografia delle *Elleniche*», en su *Problemi di storia e cultura spartana*, Roma, 1984, 59-86 inciden fundamentalmente en las diversas formas de plasmación de la laconofilia de Jenofonte a lo largo de su obra. Otro trabajo destacado sobre la elaboración de las *Helénicas* es el de Gaetano de Sanctis, «La genesi delle *Elleniche* di Senofonte», en *Scritti Minori V (1931-1947)*, Roma, 1983, 159-185.

Como es sabido, Jenofonte aparece muy vinculado a los acontecimientos que le tocó vivir, entre ellos los relacionados con la guerra de Corinto, como la participación en la expedición de los Diez Mil en apoyo de Ciro el Joven y en la campaña asiática de Agesilao o la intevención en la batalla de Coronea. De hecho Peter J. Rahn, «The Date of Xenophon's Exile», en G.S. Shrimpton y D.J. MacCargar (eds.), *Classical Contributions. Studies in Honour of Malcom Francis McGregor*, Locust Valley, 1981, 103-119 y C. Tuplin, «Xenophon's Exile Again», en M. Whitby, P. Hardy y M. Whitby (eds.), *Homo Viator. Classical Essays for John Bramble*, Bristol, 1987, 59-68 han sostenido que el historiador fue exiliado formalmente de Atenas en los comienzos de la guerra de Corinto (para el primero justo en el momento en que cruza armas con sus conciudadanos en Coronea, en el verano de 394, para el segundo, no tan preciso, en 395 ó 394, cuando Atenas hace explícita sus simpatías hacia Persia y su hostilidad hacia Esparta) y no en 399, como suele pensarse, a resultas de su presencia entre los mercenarios contratatos por Ciro el Joven; esta salida de Atenas en 401 hacia tierras asiáticas habría tenido mucho que ver con su colaboración con el gobierno de los Treinta Tiranos en opinión de autores como D. Plácido, «Senofonte socratico», en L. Rossetti y O. Bellini (a.c.), *Logos e Logoi*, Nápoles, 1991, 41-53, L. Canfora, «Dettagli sulla biografia di Senofonte», en J.A. Sánchez Marín, J.A. Lens Tuero y C. López Rodríguez (eds.), *Historiografía y biografía*, Madrid, 1997, 23-31 y J.F. González Castro, «El exilio de Jenofonte», *Gerión* 16, 1998, 177-181.

J.K. Anderson, «Xenophon at Corinth», en M.A. Del Chiaro (ed.), *Corinthiaca. Studies in Honor of Darrell A. Amyx*, Columbia, 1986, 36-39 aborda la especial vinculación de Jenofonte con Corinto –donde vivió tras la pérdida de su villa de Escilunte, en territorio eleo, en 370, y donde posiblemente murió hacia 355–, que le permitió estrechar lazos con los círculos oligárquicos y así disponer de abundancia información sobre la situación interna de la ciudad y su política exterior en el pasado reciente.

Jenofonte dedicó también un opúsculo a su amigo, patrono y benefactor, el rey Agesilao, que, despojado de su tono laudatorio, aporta ciertos detalles que no han tenido cabida en las

Helénicas. Emma Luppino Manes, «*L'Agesilao* di Senofonte: Tra encomio e commiato», *MGR* 16, 1991, 133-163 afirma que la obra presenta un esquema según el cual los dos primeros capítulos serían un relato único, vivaz y contemporáneo de los hechos a partir de breves anotaciones del tipo de un diario, mientras la segunda parte, más larga, se extendería en los rasgos morales del hombre en una reflexión personal del historiador.

1.1.2 *Helénicas de Oxirrinco*

En la localidad egipcia de Oxirrinco fueron hallados en 1906 (*fragmenta Londinensia*) y 1934 (*fragmenta Florentina*) fragmentos de papiro de una obra anónima acerca de las «cosas de Grecia» (*Hellieniká*) que claramente continuaba en el tiempo el relato de Tucídides (abandonado en el año 411, en medio de la guerra jónica o decélica) y que alcanzaba cuando menos el verano de 394 (batalla naval de Cnido), poniendo de manifiesto algunas de las carencias y la parcialidad de la *Helénicas* de Jenofonte. Se trata de una fuente primaria (redactada con seguridad entre los años 386 y 346), ecuánime, realista, sin concesiones a la retórica y al partidismo. Un tercer conjunto de fragmentos de papiro de finales del siglo I d.C. con tres columnas de texto conservado en El Cairo (*fragmenta Cairensia*) se dio a conocer en los años setenta del pasado siglo: L. Koenen, «Papyrology in the Federal Republic of Germany and Fieldwork of the International Photographic Archive in Cairo», *StudPap* 15, 1976, 39-76, especialmente 55-76, y G.A. Lehmann, «Ein neues Fragment der *Hell. Oxy.*: einige Bemerkungen zur P. Cairo (Temp. Inv. No.) 26/7/27/1-35», *ZPE* 26, 1977, 181-191.

Los fragmentos de las *Helénicas de Oxirrinco* preservados en Florencia y El Cairo relatan ciertos enfrentamientos de la guerra jónica (el más completo es el de la batalla de Notio, en 407), mientras los guardados en Londres, los que aquí nos interesan, se corresponden con los orígenes de la guerra de Corinto y con las campañas de Agesilao en Asia Menor en 396-395 (más una descripción de la Constitución beocia y de la revuelta democrática contra los Diagóridas rodios). El anónimo de Oxirrinco, a quien la crítica desde H. Bloch (*vid. infra*) conoce como P, ejerció una poderosa influencia sobre Éforo y, a través de éste, en Diodoro, alejándose por tanto de la tradición jenofóntica, como ya destacara A. von Mess, «Die *Hellenika von Oxyrhynchos* und die Berichte Xenophons und Diodors», *RhM* 64, 1909, 235-243. V.J. Gray, «The Value of Diodorus Siculus for the Years 411-386», *Hermes* 115, 1987, 72-89 plantea ante todo los problemas de distorsión de los hechos desde la fuente original (las *Helénicas de Oxirrinco*), vía Éforo, hasta Diodoro, en tanto Guido Schepens, «Historiographical Problems in Ephorus», en *Historiographia Antiqua. Commentationes Lovanienses in honorem W. Peremans septuagenarii editae*, Lovaina, 1977, 95-118 incide en la tradición retórica que, como discípulo de Isócrates, recibió el de Cime.

De principio resulta insoslayable el comentario filológico e histórico (sin traducción) realizado por I.A.F. Bruce, *An Historical Commentary on the 'Hellenica Oxyrhynchia'*, Cambridge, 1967 (autor del que también interesa su artículo «The Political Terminology of the Oxyrhynchus Historian», *Emerita* 30, 1962, 63-69), que incluye una amplia introducción sobre la descripción de los fragmentos de papiro (salvo del de El Cairo, aún por descubrir), autoría, fecha de composición, cronología, características esenciales e importancia de la obra. Similares presupuestos y un minucioso análisis, en este caso organizado por temas y fragmentos, lo encontramos también en G. Bonamente, *Studio sulle Elleniche di Ossirinco. Saggio sulla storiografia della prima metà del IV secolo a.C.*, Perugia, 1973. El comentario más reciente, sucinto (pues incluye además traducción y la consabida introducción sobre los problemas intrínsecos, por ahora insolubles, de la obra) y el único que comprende los tres grupos de fragmentos es el llevado a cabo por P.R. McKechnie y S.J. Kern, *Hellenica Oxyrhynchia*, Warminster, 1988; acaba de aparecer una traducción al alemán, también acompañada de comentario, a cargo de Ralf Behrwald, *Hellenika von Oxyrhynchos*, Darmstad, 2005. Un excelente estado de la cuestión acerca del abanico de posibles autores de las *Helénicas de Oxirrinco*, fuentes, metodología, filiación ideológica y principales problemas de interpretación que presenta esta obra es el artículo de H.R. Breitenbach en *RE* supl. XII, 1970, *s.v. Hellenika Oxyrhynchia*, coll. 383-426. Estos mismos problemas siguen estando muy presentes, junto a otros más específicos (conexión con el llamado Papiro de Terámenes, el sinecismo de Tebas, la historia de Tasos, los elementos constitucionales, relaciones entre griegos y persas, etc.), en las comunicaciones recogidas en S. Bianchetti y M. Cataudella (a.c.), *Le «Elleniche di Ossirrinco» a cinquanta anni dalla publicazione dei Frammenti Fiorentini 1949-1999, Atti del Convegno tenutosi a Firenze (22-23 novembre 1999)*, La Spezia, 2002 (= *Sileno* 27, 2001). Finalmente la tesis doctoral digitalizada de Roberto Lérida Lafarga, *Helénicas de Oxirrinco: Texto y Traducción. Estado de la cuestión. Comentario Histórico*, Universidad de Zaragoza 2007, vierte por primera vez al castellano los fragmentos, acompañándolos de comentario histórico, y ofrece la situación áctual de nuestros conocimientos sobre los papiros, la autoría de la obra y la posible datación.

La cuestión de la *Verfasserfrage* o autoría de las *Helénicas de Oxirrinco* parece hoy día, como hace casi un siglo, un arcano. Quizá no esté de más un rápido sumario de las paternidades propuestas. La identificación con Teopompo, autor de otras *Helénicas* que continuaban la labor de Tucídides, fue postulada por los primeros editores del papiro, B.P. Grenfell y A.S. Hunt, *The Oxyrhynchus Papyri*, Part V, Oxford, 1908, esp. 110-242, quienes proponían como alternativa la opción de Cratipo, y sobre todo por E. Meyer, *Theopomps Hellenika*, Halle, 1909.

Además de Grenfell y Hunt, la autoría de Cratipo, la que más fortuna ha tenido entre los estudiosos, no tanto por contar con elementos favorables de identificación como por exclusión de los demás, ha sido defendida entre otros por Luigi Pareti, «Cratippo e le "Elleniche" di Oxyrhynchos», *SIFC* 19, 1912-13 (reimpreso en *Studi minori di storia antica, II: Storia greca*, Roma, 1961: 285-401), el ya citado Breitenbach (coll. 414-418) y más recientemente Phillip Harding, «The Authorship of the *Hellenika Oxyrhynchia*», *AHB* 1 (5), 1987, 101-104. También piensa en Cratipo Guido Schepens, «L'apogée de l'*arché* spartiate comme époque historique dans l'historiographie grecque du debut du IVe s. av. J.-C.», *AncSoc* 24, 1993, 169-203, quien le considera una de las tres tradiciones continuadoras de la historia de Tucídides que relatan la hegemonía espartana, en concreto sería una tradición atenocéntrica que consideraría que esta hegemonía duró apenas una década (desde 403/2, año de la restauración democrática y fin de la obra de Lisandro, hasta la batalla de Cnido en 394/3); las dos restantes serían la filolaconia de Jenofonte, atenta casi exclusivamente a la *arché* terrestre y que la llevaría hasta la batalla de Leuctra en 371, y la de Teopompo de Quíos, que desde una perspectiva marítima situaría el fin de la hegemonía en 393.

Por su parte, tanto Gaetano De Sanctis, «L'*Attide* di Androzione e un papiro d'Oxyrhynchos», *AAT* 43, 1907-1908, 331-356 y «Nuovi studi sulle *Elleniche di Ossirinco*», *AAT* 64, 1931, 157-194 como Arnaldo Momigliano, «Androzione e le "Elleniche" di Oxyrhynchos», *ibid.*, 29-49 ven en el atidógrafo Androción al responsable de la obra.

Más complicada resulta la identificación de P con Éforo (sostenida por W. Judeich, «Theopomps Hellenika», *RhM* 66, 1911, 94-139 y E.M. Walker, *The Hellenica Oxyrhynchia. Its Authorship and Authority*, Oxford, 1913) o con un prácticamente desconocido Démaco de Platea (sugerida por F. Jacoby, «Der Verfasser der *Hellenika von Oxyrhynchos*», *NGG* 1924, 13-18).

Finalmente otros estudiosos como G.E. Underhill, «Theopompus (or Cratippus), *Hellenica*», *JHS* 28, 1908, 277-290, H. Bloch, «Studies in Historical Literature of the Fourth Century B.C.: I, The *Hellenica of Oxyrhynchus* and Its Authorship», en *Athenian Studies Presented to W.S. Ferguson*, *HSCPh* Suplemento 1, Cambridge, 1940, 303-341 o los ya citados Giorgio Bonamente, *Studio sulle Elleniche di Ossirinco. Saggio sulla storiografia della prima metà del IV secolo a.C.*, Perugia, 1973, 13-32 y R. Lérida, *Helénicas de Oxirrinco*, Zaragoza 2007, 112-200 desisten del empeño y prefieren dejar la obra sin adscripción en sus respectivos trabajos.

En cualquier caso la crítica moderna se ha rendido ante las virtudes de este anónimo historiador y salvo excepciones como la de G. Busolt, «Der neue Historiker und Xenophon», *Hermes* 43, 1908, 255-285, considera que las partes conservadas de su relato son preferibles al de de Jenofonte, sobre todo cuando ambos entran en conflicto.

1.1.3 *El binomio Éforo-Diodoro*

Una de las formas de recuperar parcialmente la tradición de las *Helénicas de Oxirrinco* consiste en leer a Diodoro Sículo, que para esta parte de su *Biblioteca Histórica* (libro XIV) se basó fundamentalmente en la obra perdida de Éforo de Cime, quien en su *Historia Universal* seguía a su vez al anónimo oxirrinquio para los acontecimientos que rodearon la guerra de Corinto. Aunque el positivismo decimonónico le marcó como un simple recopilador, exento de capacidad investigadora, el trabajo de Diodoro ha sido objeto de una revalorización en los últimos años, tal y como testimonian los estudios de F. Càssola, «Diodoro e la storia romana», *ANRW* II, 30.1, 1982, 724-773; K.S. Sacks, *Diodorus Siculus and the First Century B.C.*, Princeton, 1990; F. Chamoux y J. Lens Tuero en sus respectivas introducciones a la traducción de Diodoro en Les Belles Lettres (París, 1993) y Ediciones Clásicas (Madrid, 1995). Aparte de los errores cronológicos derivados de datar cada año según los arcontes atenienses y los cónsules romanos, el principal problema que plantea Diodoro es su excesiva brevedad, producto de los anchos límites espaciotemporales de su obra, que le lleva bien a simplificar o incluso a obviar algunos acontecimientos.

1.1.4 *El teatro de Aristófanes*

Las dos últimas comedias de Aristófanes, *Asamblea de mujeres*, de 391, y *Pluto*, de 388, consideradas de transición entre la comedia antigua, de tema político, y la comedia media, más costumbrista, fueron representadas en Atenas durante la guerra de Corinto. A este tenor V. Ehrenberg, *The People of Aristophanes. A Sociology of Old Attic Commedy*, Nueva York, 1962[3] sigue siendo fundamental para la sociedad receptora de las obras de Aristófanes; a partir de los personajes y situaciones de las comedias aristofánicas –y en menor medida de Cratino, Éupolis, Hermipo y otros– Ehrenberg retrata la sociedad ática del último cuarto de siglo V y principios del IV. Bajo similares presupuestos, P. Cartledge, *Aristophanes and his Theatre of the Absurd*, Bristol, 1990 incide en el papel social de la comedia y en la función didáctica desempeñada por Aristófanes, con una introducción a las distintas obras del poeta, mientras E. David, *Aristophanes and Athenian Society of the Early Fourth Century B.C.*, Mnemosyne Suplemento 81, Leiden, 1984 refleja los cambios que se han producido en la sociedad ática desde el final de la guerra del Peloponeso y a la par los cambios en la propia obra aristofánica, menos mordaz, menos política, menos agresiva. Sin embargo, Alan Sommerstein, «Aristophanes and the Demon Poverty», *CQ* 34, 1984, 314-333 habla sin ambages de un declive en la producción de obros y de un agotamiento en la inspiración del poeta. Se consultará con beneficio igualmente la obra de un erudito como Sir Kenneth Dover, *Aristophanic Comedy*, Berkeley, 1972, en la que, además de resumir y comentar brevemente las once comedias conservadas, trata los medios técnicos, lenguaje, personajes, situaciones, actitudes, creencias y no falta ni la comparación con antecesores y contemporáneos ni el legado a la posteridad de Aristófanes. Por su parte Maurice Croiset, *Aristophanes and the Political Parties at Athens*, Londres, 1909 (hay ed. anastática: Nueva York, 1973) se centra en el aspecto puramente político, en los ataques dirigidos por el comediógrafo contra los *prostátai* de la democracia ática (el capítulo V, págs. 166-186, aborda «el último período»). Precisamente sobre las características de este «último Aristófanes», expresión que ya utilizara Gigante hace más de medio siglo, pueden verse los trabajos de R. Cantarella, «L'ultimo Aristofane», *Dioniso* 40, 1966, 35-42 y F. Perusino, *Dalla commedia antica alla commedia di mezzo: tre studi su Aristofane*, Urbino, 1986. Son también importantes para el teatro aristofánico en general: M. Heath, *Political Comedy in Aristophanes*, Gotinga, 1987 y D.M. MacDowell, *Aristophanes and Athens. An Introduction to the Plays*, Oxford, 1995.

Descendiendo al terreno concreto de *Asamblearias*, D. Comparetti, «Intorno alle 'Ecclesiazuse' di Aristofane», *A&R* 15, 1900, 73-92 exponía la estructura y el contenido de la obra, donde refutaba cualquier posible vinculación entre las teorías platónicas y el planteamiento aristofánico del comunismo de bienes. M. Gigante, «Echi di vita politica nelle 'Ecclesiazuse' di Aristofane», *Dioniso* 11, 1948, 147-151 comenta dos grupos de versos, el primero de los cuales ataca claramente a Epícrates y Céfalo, *prostátai* de la facción demócrata radical, la más belicista (recurriendo a una comparación con las *Helénicas de Oxirrinco*), y el segundo, más ambiguo, no aludiría a Conón, como asegura erróneamente el escoliasta, sino a Epícrates, principal responsable de una guerra que daña los intereses de la clase privilegiada ateniense, de la cual es portavoz el cómico. De difícil interpretación resultan tres versos con oscuras alusiones analizados por Paul Moraux, «Trois vers d'Aristophane (*Assemblée des Femmes*, 201-203)», en *Mélanges Henri Gregoire*, Bruselas, 1953, 325-343, para quien Aristófanes rechaza ante todo el optimismo beligerante que sucede a la victoria de Cnido, la cual habría aupado al poder a los «radicales» en detrimento de la política más «moderada» encarnada por Trasibulo (hay que tener en cuenta, no obstante, que el autor data la obra en 393 y no en 391). Sobre esta misma comedia, Alan Sommerstein tiene un reciente comentario, además de traducción: *Aristophanes: Ecclesiazusae. Edited with Translation and Commentary*, Warminster, 1998. Para Kenneth S. Rothwell, Jr., *Politics and Persuasion in Aristophanes Ecclesiazusae*, Mnemosyne Suplemento 111, Leiden, 1990 esta comedia ejemplifica a la perfección la importancia de *Peithó* (la persuasión política) y de *Erôs* (la seducción erótica), ambas personificadas por Praxágora, la protagonista, en la democracia restaurada de la Atenas de comienzos del siglo IV. Eileen Barry, *The Ecclesiazusae as a Political Satire*, Diss. University of Chicago, 1942 se organiza en tres apartados: en el primero básicamente discute la cronología (según ella de comienzos de 391), en el segundo trata los elementos (de forma y contenido) que permiten la interpretación de la obra y en el tercero defiende que ésta es por encima de todo una sátira política sobre individuos e ideas contemporáneas, con lo que debe encuadrarse en la comedia antigua y no en la media (pese a ciertos cambios en la estructura formal, como la omisión de la parábasis y la reducción del papel del coro, con respecto a las comedias aristofánicas del siglo V). La fecha precisa de esta comedia es debatida en R.J. Walter, *An Essay on the Date of Aristophanes' Ecclesiazusae*, Mónaco, 1925, que nos ha sido imposible consultar. Finalmente Josiah Ober, *Political Dissent in Democratic Athens. Intellectual Critics of Popular Rule*, Princeton, 1998 tiene un enunciado (págs. 122-156) en el que pone a *Ecclesiazusae* como ejemplo de crítica política desde el escenario.

En cuanto a *La Riqueza*, obra que mejor refleja la crisis económica –en especial la depauperada situación del campesinado ateniense– tras la devastadora guerra del Peloponeso, disponemos de una reciente edición comentada, junto a una introducción analítica, a cargo de Maria Cristina Torchio, *Aristofane: Pluto*, Alejandría, 2001, que recoge lo esencial de la bibliografía anterior. M. Dillon, «Topicality in Aristophanes' *Ploutos*», *ClAnt* 6, 1987, 155-183 analiza con detalle las cada vez menores –pero intrincadas– alusiones políticas de la obra, sobre todo en relación con la mayor presencia de temas más universales como la pobreza y la corrupción moral, e intenta explicarlas como una adaptación del cómico a los nuevos gustos sociales. Sobre el trasfondo de las patentes desigualdades económicas entre las capas sociales atenienses, Aristófanes denuncia a los nuevos ricos, deshonestos, inmorales, pervertidos por la riqueza (frente a los grandes hombres de antaño, ejemplo de riqueza estable, hereditaria), según demuestra Edmond Lévy, «Richesse et pauvreté dans le *Ploutos*», *Ktèma* 22, 1997, 201-212. También se ocupa del contexto histórico F. Sartori, «Elementi storici del tardo teatro aristofanico e documentazione contemporanea», en *Akten des VI. Internationalen Kongresses für Griechische und Lateinische Epigraphik (München 1972)*, Vestigia 17, Munich, 1973, 327-343. Este mismo autor, en «'Rovesciare la democrazia' nell'ultimo Aristofane», en L. Belloni, V. Citti, L. de Finis (a.c.), *Dalla lirica al teatro: nel ricordo di Mario Untersteiner (1899-1999)*, Trento, 1999, 141-158, observa cómo el poeta incluye en estas dos últimas obras pasajes en los que se alude a temores de un derrocamiento de la democracia, que para el italiano habría que asociar al crispado clima político de la Atenas del 392-388, con gran número de procesos judiciales orquestados quizá por los más conservadores y percibidos por los más desfavorecidos como intentos de restringir el poder del pueblo.

1.1.5 *La oratoria ática*

La oratoria ática del siglo IV se ocupó a menudo de los acontecimientos de la centuria anterior y en especial del imperio marítimo construido por Atenas –su legitimidad, el tratamiento de los aliados, etc.– y disipado con la guerra del Peloponeso. Como cabía esperar, tales hechos son pasados por el tamiz de la propia realidad ateniense del siglo IV, de tal modo que se exageran, minimizan o distorsionan a voluntad por los rétores, según los intereses que primen en el momento de su evocación. Puede verse en este sentido el trabajo de Stephen Todd, «The Use and Abuse of the Attic Orators», *G&R* 37, 1990, 159-178. La relación entre Retórica e Historia es examinada en la primera sección del libro de Michel Nouhaud, *L'utilisation de l'histoire par les orateurs attiques*, París, 1982, el cual habla de un auténtico «arte de la deformación histórica». La tercera sección está consagrada al tratamiento que los oradores dan al período de la historia ateniense que va de la guerra del Peloponeso a la paz de Filócrates y dentro de él las páginas 324-328 y 333-341 a la guerra de Corinto.

Concebida de manera similar, la obra de Elisabetta Bianco, *Atene «come il sole». L'imperialismo ateniese del V secolo a.C. nella storia e oratoria politica attica*, Alejandría, 1994 consta de tres capítulos en los que se entrelazan los discursos y el contexto histórico del siglo IV con el recurso al pasado reciente del V: el primero, el que más nos interesa (páginas 1-40), aborda la recuperación de Atenas desde el final de la guerra del Peloponeso hasta los albores de la segunda liga ateniense (los discursos de Andócides, Lisias e Isócrates a propósito del hijo de Alcibíades, el *Olímpico* y el *Epitafio* de Lisias, *Sobre la paz con los lacedemonios* de Andócides, el *Panegírico* de Isócrates), el segundo se dedica por entero a esta última (a través de la obra de Isócrates: *Plataico, Areopagítico, Arquidamo, La paz*) y el tercero a las relaciones entre Atenas y Macedonia (utilizando fundamentalmente el *Filipo* de Iseo, los *Epitafios* de Demóstenes e Hipérides y el *Panatenaico* de Isócrates).

Silvio Cataldi, «Le thème de l'hégémonie et la constitution spartiate au IVe siècle av. J.-C.», en P. Carlier (ed.), *Le IVe siècle av. J.-C. Approaches historiographiques*, Nancy, 1996, 63-83 atiende a la plasmación literaria de un tema que está muy presente en los escritores del siglo IV, el de cómo hegemonía y corrupción moral e institucional caminan de la mano en el caso de Esparta, es decir, el momento de mayor expansión política y militar de Esparta coincide con el de la decadencia de los virtudes, los valores y las costumbres de sus ciudadanos, en definitiva de un *kósmos* u orden armonioso que se creía remontaba al mismo Licurgo.

Descendiendo a los casos concretos, una fuente considerada fundamental para el estudio de las fracasadas negociaciones de paz que tuvieron lugar entre lacedemonios, atenienses, beocios, argivos y corintios en 392/1 es el discurso *Sobre la paz con los lacedemonios*, tercero del *corpus* del logógrafo, político y orador ateniense Andócides de Cidateneo, a la sazón miembro de la embajada ateniense encargada de discutir los términos de la paz. Un análisis minucioso del discurso, interpretado como un serio intento de extender sentimientos filoespartanos y antibélicos entre sus conciudadanos, es decir, de oratoria subversiva, se encuentra en A. Missiou, *The Subversive Oratory of Andokides. Politic, Ideology and Decision-Making in Democratic Athens*, Cambridge, 1992. Por su parte Cinzia Bearzot, «Da Andocide ad Eschine: motivi e ambiguità del pacifismo ateniese nel IV secolo a.C.», en M. Sordi (a.c.), *La pace nel mondo antico*, CISA 11, Milán, 1985, 86-107 inscribe sus argumentaciones en un programa pacifista que, aun no siendo sistemático ni exacerbado, sino más bien rodeado de una cierta ambigüedad, recorre el siglo IV a través de la ideología de Andócides, Isócrates, Esquines y en parte de Jenofonte. Recientemente E.M. Harris, «The Authenticity of Andokides' *De Pace*. A Subversive Essay», en P. Flensted-Jensen, T.H. Nielsen y L. Rubinstein (eds.), *Polis &Politics. Studies in Ancient Greek History Presented to Mogens Herman Hansen on his Sixtieth Birthday*

(August, 20, 2000), Copenhague, 2000, 479-505 ha vuelto sobre el viejo problema de la autenticidad de este discurso para ponerla en duda (como ya hiciera Dionisio de Halicarnaso) a través de la comparación de diversas fórmulas del lenguaje diplomático halladas en el discurso con las que se conservan en otras fuentes y también mediante el análisis del contexto histórico en que presuntamente se escribió el libelo. Su conclusión es que se trata de una falsificación, posiblemente salida de una escuela de retórica helenística, donde se utilizaría para que los alumnos se ejercitasen en este campo. Ciertamente el orador incurre en numerosos errores e imprecisiones sobre la historia ateniense siglo anterior, lo que tradicionalmente se ha venido interpretando como un sometimiento de la precisión histórica al arte de la palabra; en cambio Wesley Thompson, «Andocides and Hellanicus», *TAPhA* 98, 1967, 483-490 lo atribuye a las particulares características (y limitaciones) del *Atthís* de Helánico, la crónica local que quizá sirviera de fuente documental a Andócides.

Por su parte P. Treves, «Note sulla guerra corinzia, II. Il *De pace* di Andocide e il *Menèsseno*», *RFIC* 15, 1937, 120-140 trata principalmente sobre la política imperial de Conón —en quien ve a un nuevo Pericles—, sustentada en la colaboración con Persia, y sobre las estériles conversaciones de paz empleando como fuentes principales el citado discurso de Andócides y el diálogo platónico del *Menéxeno*, producidos ambos según el autor en 391.

También Arnaldo Momigliano toma en consideración este discurso en la primera parte de su artículo «Per la storia della pubblicistica sulla κοινὴ εἰρήνη nel IV secolo a.C.», *ASNP* 5, 1936, 97-124, esp. 97-109 (la segunda la consagra al análisis de dos obras de mediados del siglo, *Sobre la paz* de Isócrates y *Los ingresos* de Jenofonte), cuyo tema es la plasmación literaria del concepto de «paz común» en cuanto sistema permanente de paz que rige entre los estados griegos. En lo que al *De pace* de Andócides concierne, Momigliano intenta en primer lugar establecer una datación (que según él sería entre el final de verano de 393 y el final de la primavera de 392, en cualquier caso precediendo a las negociaciones de Sardes que relata Jenofonte) para después realizar una interpretación política en la que descolla el abandono de los griegos asiáticos al Gran Rey, a pesar de no haber referencias a tan espinosa cuestión.

Entronca el pensamiento de Andócides en la compleja tradición pacifista ateniense en el siglo IV el trabajo de Cinzia Bearzot, «Da Andocide ad Eschine, motivi ed ambiguità del pacifismo ateniese del IV secolo a.C.», en M. Sordi (a.c.), *La pace nel mondo antico*, CISA 11, Milán, 1985, 113-122.

Como estudio general sobre la vida y los discursos de Andócides, bien enmarcados en su contexto histórico, puede verse el artículo de Antonio López Eire, «El orador Andócides», *SPhS* 5, 1981, 233-253, junto a U. Albini, «Il profilo di Andocide», *Maia* 8, 1956, 163-180.

Los discursos del orador y logógrafo meteco Lisias proporcionan abundantes datos acerca de la familia y la vida cotidiana en la Atenas de finales del siglo V y comienzos del IV. En particular el discurso XXII del *corpus Lysiacum*, *Contra los vendedores de trigo*, plasma la importancia vital del grano para una Atenas deficitaria, agravada cuando en el invierno de 387/6 el navarco espartano Antálcidas corta las rutas de suministro desde el Helesponto. La *oratio* XIX, *Sobre los bienes de Aristófanes*, pronunciada en 387, nos traza detalles de la personalidad de influyentes políticos vinculados al proceso, como Conón y Nicofemo, en el marco de las relaciones entre Atenas y el rey Evágoras de Salamina, de cuya suerte dependía la continuidad del apoyo financiero persa a la guerra contra Esparta. En su *Contra Ergocles* (XXVIII), de 389 ó 388, Lisias nos ofrece una imagen mucho menos altruista del héroe de File, Trasibulo de Estiria, principal artífice de la restauración de la democracia tras el ominoso período de los Treinta Tiranos, a propósito de la expedición que lideró al Egeo —la cual marcó un paso decisivo en el proceso de reconstrucción imperial ateniense—, y la polémica que generó en la propia Atenas, donde se llamó a pasar la *euthýna* o rendición de cuestas al Estirieo y a sus lugartenientes en medio de graves acusaciones de malversación de fondos y corrupción;

Trasíbulo murió en tierras panfilias antes de poder regresar a Atenas, pero sabemos por el discurso XXIX (*Contra Filócrates*) que uno de sus colaboradores, Ergocles, fue condenado a muerte y sus bienes confiscados, entre los cuales no se contaban los treinta talentos que supuestamente había sustraído del erario público. En *Sobre el examen de Evandro* (XXVI), el logógrafo alude a las acusaciones de extorsión formuladas contra otro Trasíbulo, el de Colito, que fue estratego en 388/7, del que se decía había exigido treinta minas a prisioneros atenienses a cambio de gestionar su liberación. Y en *Contra Epícrates* (XXVII), seguramente de la primera mitad de la guerra si hay que identificar al acusado con el demagogo Epícrates de Cefisia, exiliado en la primavera de 391, se procesa a este político –e indirectamente a sus colaboradores– por delitos de venalidad, malversación y robo. En definitiva, el testimonio de Lisias es el más rico para el estudio de los juicios emprendidos por el *dêmos* ateniense contra los cargos públicos (estrategos, oradores, embajadores, etc.) por las acusaciones de soborno y malversación de fondos, como se desprende del ya citado estudio de B.S. Strauss, «The Cultural Significance of Bribery and Embezzlement in Athenian Politics: The Evidence of the Period 403-386 B.C.», *AncW* 11, 1985, 67-74.

Lisias dedicó así mismo un *Epitafio* a los caídos en la guerra de Corinto, discurso II del *corpus*, sobre el cual debe consultarse J. Waltz, *Der lysianische Epitaphios*, *Philologus* Suplemento 29.4, Berlin 1936; probablemente data del año 392, pero algunos estudiosos lo consideran apócrifo (por ejemplo P. Treves, «Note sulla guerra corinzia, III. L'autenticità non-Lysiana dell'Epitafio di Lisia», *RFIC* 15, 1937, 278-283, para quien sería escrito por un demócrata ateniense exiliado, quizás Arquino, en el período siguiente a la paz del Rey y bajo la inspiración del *Panegírico* de Isócrates). Se nos ha conservado asimismo un fragmento del discurso pronunciado en las Olimpíadas de 388 –el XXXIII del *corpus*–, cuyo mensaje es que los espartanos han traicionado su posición de «líderes legítimos de la Hélade» al aliarse con tiranos que tienen sometidos a griegos, como el Gran Rey persa o Dionisio I de Siracusa.

Sobre la aportación de Lisias al conocimiento histórico en general sigue siendo imprescindible la recopilación de ensayos de K.J. Dover bajo el título *Lysias and the Corpus Lysiacum*, Berkeley, 1968.

Entre 390 y 345 escribió sus discursos Iseo, cuyo estatuto cívico se discute (no es seguro que fuera ciudadano y hay posibilidades de que fuera meteco), en los que atiende sobre todo a cuestiones relativas al patrimonio y la herencia y por ello mismo revelan datos preciosos sobre la Atenas de la primera mitad del siglo IV. A este respecto contamos con el reciente análisis de Stefano Ferrucci en *L'Atene di Iseo. L'organizzazione del privato nella prima metà del IV sec. a.C.*, Studi e testi di storia antica 9, Pisa, 1998, que ha venido a añadirse al trabajo de R.F. Webers, *Isaeus. Chronology, Prosopography and Social History*, La Haya, 1969.

A lo largo de su extensa obra, el rétor Isócrates menciona a menudo tratados de paz en los que participaron atenienses, lacedemonios y persas (especialmente las *koinaì eirênai* o paces generales), a veces demasiado vagas, semejantes entre sí o incluso contradictorias como para suscitar dudas entre los historiadores modernos sobre a cuál de ellos en concreto –y por tanto a qué período– se está refiriendo. Wesley E. Thompson, «Isocrates on the Peace Treaties», *CQ* 33, 1983, 75-80 se enfrenta a dichos pasajes con la intención de aclarar el contexto histórico preciso de cada uno. Así por ejemplo, los que parecen aludir a la paz del Rey de 386 suelen ir acompañados de la evocación del final de la hegemonía naval espartana.

La propaganda política de Isócrates es escrutada por Charles Hamilton en «Isocrates, *IG* II^2 63, Greek Propaganda and Imperialism», *Traditio* 36, 1980, 83-109 para explicar el imperialismo espartano y ateniense a comienzos del siglo IV.

1.1.6 *Biografía: Plutarco y Cornelio Nepote*

El filolaconismo de Jenofonte puede verse atemperado con el patriotismo beocio de Plutarco, quien dedicó tres sus *Bíoi* a personajes con un papel relevante en la guerra de Corinto, dos de ellos espartanos, Lisandro y Agesilao, y el tercero el rey persa Artajerjes II. Los dos primeros, junto a otros tres personajes ligeramente más tardíos (Pelópidas, Demóstenes y Foción), son tomados en consideración por Claude Mossé, «Plutarque, historien du IVe siècle», en P. Carlier (ed.), *Le IVe siècle av. J.-C. Approaches historiographiques*, Nancy, 1996, 57-62 en su valoración de la historia del siglo IV a través de estas cinco biografías plutarqueas; la autora distingue dos planos, el de las relaciones entre ciudades y hechos políticos y militares y el de la evolución interna de las ciudades mismas, y concluye que el de Queronea presenta un mundo griego en declive.

Dos trabajos que examinan, entre otras cuestiones, las fuentes manejadas por Plutarco para su biografía de Agesilao (principalmente las obras perdidas de Éforo y Teopompo) y su afán crítico por acomodar tradiciones opuestas, son los de Emma Luppino Manes, «La traccia della biografia plutarchea di Agesilao: Individuazione di una possibile indagine critica», *MGR* 14, 1989, 87-122 y Charles D. Hamilton, «Plutarch' *Life of Agesilaus*», *ANRW* II, 33.6, 1992, 4201-221. En «Plutarch and Xenophon on Agesilaus», *AncW* 25, 1994, 205-212, el propio Hamilton establece una comparación entre la misma obra y las *Helénicas* y el *Agesilao* de Jenofonte a fin de valorar la utilidad de la primera, constatando de paso que Plutarco hizo uso de una fuente beocia. Contamos así mismo con un reciente y completo comentario histórico a esta misma obra acompañado del texto griego (sin traducción) más una amplia introducción en la que se tocan cuestiones como la estructura conceptual de Plutarco, la comparación con la de vida Pompeyo, los temas y las fuentes de Plutarco para la vida de Agesilao: D.R. Shipley, *Plutarch's Life of Agesilaos. Response to Sources in the Presentation of Character*, Oxford, 1997.

Entre los estudios más recientes sobre las *Vidas* podemos citar los ensayos publicados previamente que se recogen en B. Scardigli (ed.), *Essays on Plutarch's Lives*, Oxford, 1995 y T. Duff, *Plutarch's Lives. Exploring Virtue and Vice*, Oxford, 1999. En castellano disponemos de la tesis doctoral de Aurelio Pérez Jiménez, *La biografía griega como género literario: Plutarco y la biografía antigua*, Universidad de Barcelona, 1978.

Las biografías de Conón, Ifícrates, Cabrias, Lisandro y Agesilao escritas por Cornelio Nepote, más escuetas y de menor valor historiográfico que las de Plutarco, pueden suponer una ayuda –siempre discutible bien es verdad– para ciertos detalles de la vida de estos personajes, sobre todo de los tres primeros (no tratados por Plutarco). Acerca de la obra de Nepote puede verse en general: E.M. Jenkinson, «Cornelius Nepos and Biography at Rome», *ANRW* I.3, 1973, 703-719; J. Geiger, *Cornelius Nepos and Ancient Political Biography*, Stuttgart, 1985; V. Ramón Palerm, *Plutarco y Nepote. Fuentes e interpretación del modelo biográfico plutarqueo*, Zaragoza, 1992.

1.1.7 *Fuentes complementarias*

Otras fuentes complementarias para la guerra de Corinto son la *Periégesis* de Pausanias (siglo II d.C.), que contamina la tradición jenofóntica con la del historiador de Oxirrinco y evidencia en algunos de sus pasajes la utilización de terceras fuentes, y las *Strategémata* del macedonio Polieno (también del siglo II de nuestra era), un anecdotario de ardides y estratagemas atribuidas, no siempre de manera correcta, a grandes jefes militares como el rey espartano Agesilao o el ateniense Ifícrates. Sobre la obra del Periegeta tenemos: C. Bearzot, *Storia e storiografie ellenistica in Pausania il Periegeta*, Venecia, 1992 y *Pausanias historien*, Entretiens Fondation Hardt XLI, Ginebra, 1994. En cuanto al autor macedonio, puede verse ahora el primer estudio global sobre el mismo, el de Mª Teresa Schettino, *Introduzione a Polieno*, Studi e testi di storia antica 10, Pisa, 1998, que se articula en tres apartados (más un capítulo de conclusiones que enmarca a Polieno «entre la cultura griega y el mundo romano»): el primero sobre su vida, obra y metodología, el segundo acerca de las fuentes utilizadas en las *Estrategias* y el tercero en torno a la división y organización de la historia griega, macedónica y romana en los diferentes capítulos de dicha obra.

Ciertos autores griegos (Ctesias, Dinón y Heraclides) abordaron en su obra, por desgracia muy fragmentaria, la política y la administración persas en el siglo IV. La escocesa Rosemary B. Stevenson pone a prueba la credibilidad de estas fuentes, a menudo desechadas como fantasiosas o exageradas, en *Persica. Greek Writing about Persia in the Fourth Century B.C.*, Edimburgo, 1997.

Por último hayamos esporádicas alusiones a la guerra de Corinto, sobre todo a los caídos atenienses contra la opresión lacedemonia y a las infamantes negociaciones de paz que traicionaban a los griegos de Asia, en el *Menéxeno* platónico, que parece fue escrito hacia 391: P. Treves, «Note sulla guerra corinzia, II. Il *De pace* di Andocide e il *Menèsseno*», *RFIC* 15, 1937, 120-140.

1.2 Epigráficas

En el apartado de fuentes epigráficas es necesario consignar las clásicas selecciones de Marcus N. Tod, *A Selection of Greek Historical Inscriptions, II. From 403 to 323 B.C.*, Oxford, 1948 y Phillip Harding, *From the End of the Peloponnesian War to the Battle of Ipsus*, Translated Documents of Greece and Rome 2, Cambridge, 1985 (éste también con fuentes literarias fragmentarias y lexicográficas), que incluyen, entre otras inscripciones comentadas (en el caso de Tod acompañando al texto griego, en el de Harding sólo a la traducción), los tratados de alianza concertados por Atenas con los beocios, locros y eretrios, la lista oficial de bajas atenienses en las batallas de Nemea y Coronea, el monumento funerario de Dexileo (caballero ateniense caído en la Corintia), la reconstrucción de los Muros Largos y del Pireo atenienses... La obra de Tod acaba de ser revisada y actualizada por P.J. Rhodes y R. Osborne, *Greek Historical Inscriptions 404-323 B.C.*, Oxford, 2003, reagrupando epígrafes, incorporando otros nuevos (tres en concreto de nuestro período: uno del dinasta licio Arbinas, otro sobre la anexión de Helisón por Mantinea y otro referido a concesiones de ciudadanía por los trifilios), aunque también es cierto que se han eliminado por ejemplo las alianzas atenienses con locros y eretrios y el decreto ateniense en honor del *koinón* eteocarpaciano.

Por su parte la conocida Collection U de la Editorial Armand Colin ha sacado un estudio que trata de mostrar la historia y la vida de la Atenas clásica a través de su rico patrimonio epigráfico: Patrice Brun, *Impérialisme et démocratie à Athènes. Inscriptions de l'époque classique (c. 500-317 av. J.-C.)*, París, 2005. La obra adopta una división en dos partes: la primera sigue en seis capítulos la historia de Atenas (en su relación con el resto del mundo griego) desde las guerras médicas a la dominación macedónica, con un total de ochenta y nueve inscripciones traducidas, comentadas y con una sucinta bibliografía selecta (en particular 34-40 para el período de la guerra corintia); la segunda, dedicada a la vida en la ciudad, se subdivide en cinco capítulos (sobre vida política, finanzas, religión, divisiones gentilicias y territoriales y, por último, ciudadanos, metecos y esclavos) y cuenta con setenta y dos documentos más.

1.3 Papirológicas

En este apartado debemos remitir a lo expuesto más arriba a propósito de las *Helénicas de Oxirrinco*, las cuales se nos han conservado de manera muy fragmentaria en papiros hallados en esa localidad egipcia. Podemos citar al margen el reciente *aggiornamento* del catálogo de papiros con el texto de las *Helénicas* de Jenofonte realizado por M. Ornaghi, «El contributo dei papiri per la ricostruzione e per la storia del testo delle *Elleniche*», en G. Daverio Rocchi y M. Cavalli (a.c.), *Il Peloponneso di Senofonte, Giornate di Studio del Dottorato di recerca in Filologia, Letteratura e Tradizione classica (Milano, 1-2 aprile 2003)*, Milán, 2004, 179-217. Por otro lado un nuevo fragmento de papiro ha venido a sumarse a otros ya existentes del llamado «Papiro de Terámenes». Con los nuevos datos, por magros que puedan parecer, A. Loftus, «A New Fragment of the Theramenes Papyrus (P. Mich. 5796B)», *ZPE* 133, 2000, 11-

20 ha desviado la atención de la última fase de la guerra del Peloponeso para centrarla en la guerra de Corinto; según este papirólogo el texto pertenece a una obra de carácter historiográfico (él propone que el autor podría ser Éforo, pero no considera siquiera la posibilidad de que se trate del anónimo de Oxirrinco) y haría referencia a algún choque naval (quizá en el golfo de Corinto) tras la batalla de Cnido.

2. Estudios generales

La monografía más antigua sobre la guerra de Corinto de la que tenemos noticia es la tesis doctoral defendida en la Universidad de Jena por G. Zunkel, *Untersuchungen zur griechischen Geschichte der Jahre 395-386,* Weimar, 1911, que por su propio carácter apenas es conocida y utilizada más que por algunos estudiosos germanos y por ello mismo ha escapado a nuestro escrutinio.

Más de medio siglo después de su publicación (Nápoles, 1951), *Ricerche intorno alla guerra corinzia*, de Silvio Accame, se erige aún en obra de cabecera y de consulta obligada a la hora de abordar cualquier cuestión relacionada con la guerra de Corinto. Al margen de atender a la evolución diacrónica de la contienda, se caracteriza por una constante preocupación por establecer una cronología coherente, así como por un análisis exhaustivo de las fuentes, sobre todo en la valoración de la importancia de las anónimas *Helénicas de Oxirrinco* –y su proyección en Éforo y Diodoro Sículo– frente a las *Helénicas* de Jenofonte, con las que se muestra en ocasiones demasiado crítico. Otro pero a este trabajo quizá sea su interpretación algo maniqueísta de la arena política ateniense, donde distingue únicamente dos grupos antagónicos –los «moderados» de Trasíbulo de Estiria y los «extremistas» de Conón–, cuando la realidad era sin duda más rica y plural. Años más tarde Accame sacaría una segunda edición (el título es engañoso), sólo que parece concebida como el producto de las notas preparadas para la impartición de un curso, con particular atención a las fuentes y sus problemas: *L'imperialismo ateniese all'inizio del secolo IV a.C. e la crisi della polis*, Nápoles, 1966^2.

Con posterioridad a la publicación de estas obras de Accame, sólo un estudio monográfico se ha ocupado de la guerra de Corinto en un sentido amplio, esto es, abarcando los ocho años que la separan de la guerra del Peloponeso, unos años vitales en los que conviven inextricablemente las consecuencias de esta última con la gestación del siguiente conflicto panhelénico. Se trata de Charles D. Hamilton, *Sparta's Bitter Victories. Politics and Diplomacy in the Corinthian War,* Ítaca-Londres, 1979, un libro que se articula en cuatro partes diferenciadas. La primera atiende a la dominación espartana tras la victoria en la guerra peloponésica, con una ponderación de los beneficios y problemas que para la socidad lacedemonia y su elite sociopolítica trajo la herencia de la *arché* ateniense; la segunda tiene como hilo conductor el fracaso de la paz de 404/3, para lo cual presta especial atención a la evolución interna y externa de Tebas –*prostátes* de la confederación beocia– y de Atenas, así como a la secuencia de acontecimientos que llevaron al estallido de la guerra de Corinto; la tercera parte desarrolla la guerra de Corinto a través de sus diferentes fases, mientras la cuarta y última analiza la paz de Antálcidas, entendida como una «victoria pírrica» de Esparta.

Por último, la necesidad de colmar una laguna sobre la guerra corintia en la historiografía española nos ha conducido a la preparación de una síntesis monográfica, que ya está bastante avanzada y que tiene el título provisional de *Grecia exhausta. Estudio sobre la guerra de Corinto (395-386 a.C.)*, en la que pretendemos aunar los enfoques diacrónico y temático de la contienda.

3. Estudios regionales

Comenzaremos por señalar que L.A. Tritle (ed.), *The Greek World in the Fourth Century. From the Fall of the Athenian Empire to the Succesors of Alexander*, Londres-Nueva York, 1997 reúne un conjunto de ensayos en los que se ofrece una visión sintética de la evolución histórica, tanto interna como externa, de distintos estados o regiones durante el siglo IV: Atenas, Esparta, Tebas y Grecia central, el Egeo oriental, Sicilia y sur de Italia, Macedonia. Además de un capítulo específico sobre la guerra corintia (págs. 97-116), se puede encontrar asimismo una evolución regional mucho más amplia del mundo griego durante el siglo IV en el volumen VI de la *Cambridge Ancient History*, titulado *The Fourth Century B.C.* (Cambridge 1994^2, editado por D.M. Lewis, J. Boardman, S. Hornblower y M. Ostwald). Otro tanto cabe decir del recién aparecido volumen de la colección «Nouvelle Clio» *Le monde grec aux temps classiques, 2: Le IVe siècle*, bajo la dirección de P. Brulé y R. Descat (París, 2004), que dedica las páginas 18-29 a los años de hegemonía espartana, y de J. Buckler, *Aegean Greece in the Fourth Century B.C.*, Leiden-Boston, 2003, quien cubre la hegemonía espartana hasta Leuctra en páginas 12-295 y en concreto la guerra de Corinto en 75-128. La evolución geopolítica aparece imbricada con una visión del panorama social, económico, jurídico e ideológico del siglo IV heleno en la síntesis de P. Carlier, *Le IVe siècle grec jusqu'à la mort d'Alexandre*, Nouvelle Histoire de l'Antiquité 3, París, 1995, donde el imperio lacedemonio hasta la paz del Rey ocupa las páginas 11-35. Finalmente merece también citarse la intituitiva síntesis de Simon Hornblower, *El mundo griego 479-323 a.C.*, Barcelona, 1985 original inglés de 1983), que consagra el capítulo 14 a la guerra de Corinto, incluyendo un tratamiento tucidídeo de las causas (*aitíai* vanales y *alethestáte próphasis* realmente importante) que enlaza con los efectos de la guerra del Peloponeso, bien que no falten frecuentes interrelaciones con otros apartados del libro.

3.1 *Argos*

En lo que concierne a Argos, uno de los estados beligerantes, R.A. Tomlinson, *Argos and the Argolid. From the End of the Bronze Age to the Roman Occupation*, Londres, 1972 atiende a la guerra de Corinto en buena parte del capítulo doce (págs. 126-141). Tomlinson aporta como novedad el buscar un antecedente para la «unión» argivo-corintia en el acuerdo de cooperación política, militar, económica y religiosa entre Argos y las ciudades cretenses de Cnoso y Tiliso, datado a mediados del siglo V (*IC* I.VIII.4 y XXX.1); para él (págs. 134-137) esta clase de acuerdo constituye la base de una estructura federal cimentada en la común συγγένεια o parentesco entre estas ciudades, en la que Argos, en su condición de metrópoli, asumiría un papel dominante respecto a sus colonias. Acaba de ver la luz (Milán, 2006) el volumen colectivo *Argo. Una democrazia diversa*, a cura di C. Bearzot y F. Landucci, que recoge contribuciones desde los orígenes de la ciudad hasta la conquista romana. Interesan particularmente la de Tucci, «Il regime politico di Argo e le sue instituzioni tra fine VI e le fine V secolo a. C.: verso un ínstabile democrazia» (209-271), la de M. Bertoli, «Argo nel IX secolo: forza militare, debolezza politica» (273-297) y la de M. Sordi «Atene e l'unione fra Argo e Corinto» (299-309), sobre la cual *vid. Infra* apartado 7.3.

3.2 *Atenas*

Para Atenas tenemos varias obras que analizan, dotándolo de un carácter unitario, el período que transcurre desde la conclusión de la guerra civil y el advenimiento del acuerdo de reconciliación en 403 hasta el final de la guerra de Corinto en 386. El primero en abordarlo fue Paul Cloché en «Les conflits politiques et sociaux à Athènes pendant la guerre corinthienne (395-387 avant J.-C.)», *REA* 21, 1919, 157-192 y en los primeros capítulos de su libro *La politique étrangère d'Athènes de 404 à 338 a. J.-C.*, París, 1934 (cuyas conclusiones se reafirman y amplían en «Notes sur la politique athénienne au debut du IVᵉ siècle et pendant la guerre du Péloponnèse», *REA* 43, 1941, 16-32), donde sostenía que bajo una fachada de aparente concordia latía un agudo conflicto social y económico entre las clases atenienses. El camino abierto por Cloché fue seguido por Claude Mossé, *La fin de la démocratie athénienne. Aspects sociaux et politiques du déclin de la cité grecque au IVe siècle avant J.-C.*, París, 1962 (hay reimpr. Nueva York, 1979), D.D.A. Kounas, *Prelude to Hegemony. Studies in Athenian Political Parties from 403 to 379 B.C. Pertaining to the Revival of Athenian Influence in Greece*, Diss. University of Illinois, 1969 y G. Audring, «Über Grundeigentum und Landwirtschaft in der Krise der athenischen Polis», en E.C. Welskopf (ed.), *Hellenische Poleis, Krise-Wandlung-Wirkung*, I, Berlín, 1974, 108-131, que subrayaban ante todo las diferencias económicas que la guerra del Peloponeso había abierto entre las clases propietarias y los más desfavorecidos.

Frente a esta corriente, Peter Funke, *Homónoia und Arché. Athen und die griechische Staatenwelt vom Ende des Peloponnesischen Krieges bis zum Königsfrieden (403-387/6 v. Chr.)*, *Historia* Suplemento 37, Wiesbaden, 1980, que divide su estudio en dos partes diferenciadas (Atenas y su política durante la *arché* espartiata de 403-395 y durante la guerra de Corinto, respectivamente), minimizó las tensiones entre demócratas y oligarcas para concebir este período como de concordia y estabilidad social, gracias fundamentalmente a la pervivencia de una nutrida clase media propietaria de tierras. A la tesis de Funke se sumaría, con matices, Barry S. Strauss, *Athens after the Peloponnesian War. Class, Faction and Policy, 403-386 B.C.*, Londres, 1986, cuyo principal objetivo consistía en ahondar en las raíces de ese consenso entre la ciudadanía, hallando tres razones fundamentales: la elevada mortandad de *thêtes* durante la guerra jónica, última fase de la guerra del Peloponeso (lo que restaría fuerza reivindicativa a las clases bajas), el indudable interés de las clases privilegiadas por el imperio (en contra de lo que se sostiene habitualmente) y, en tercer lugar, la ausencia de un apreciable conflicto entre campo y ciudad, entre *chóra* y *ásty*.

Sobre este sustrato historiográfico un simposio celebrado en Bellagio en agosto de 1992 convocó a un grupo de estudiosos para analizar precisamente si hay signos de crisis y hacer un balance de la situación de la sociedad ática del siglo IV desde múltiples perspectivas (política, literatura, derecho y filosofía de estado, religión, arte, economía). Las actas se publicaron bajo la dirección de Walter Eder con el título *Die athenische Demokratie im 4. Jahrhundert v. Chr.*, Stuttgart, 1995. Dentro de las mismas el fracaso de las veleidades imperialistas atenienses a lo largo del siglo fue abordado por E. Badian, «The Ghost of Empire. Reflections on Athenian Foreign Policy in the Fourth Century BC», 79-106, esp. 82-86 para la guerra de Corinto, mientras los cambios en política interna, donde aparecen *homines novi* que proceden de un medio no aristocrático y que tienen una cierta competencia financiera y judicial, son desglosados por C. Mossé, «La classe politique à Athènes au IVème siècle», 67-77; una reflexión que cuestiona la caracterización de crisis generalizada que la historiografía tradicional aplicaba a la Atenas del siglo IV corre a cargo de J.K. Davies, «The Fourth Century Crisis: What Crisis?», 29-36.

Por encima del debate sobre la crisis económica y social ateniense, Edmond Lévy, *Athènes devant la défaite. Histoire d'une crise idéologique*, BEFAR 225, París-Roma, 1976 ha profundizado en la crisis ideológica padecida por Atenas tras la pérdida del imperio –que en su opinión explica en buena medida la propia crisis del Estado en el siglo IV– y lo ha hecho desde diferentes puntos de vista: depuración de responsabilidades (por la guerra y por la derrota), crítica y defensa del imperialismo, crisis y renacimiento de una ideología del poder, viejos y nuevos valores...

Por otro lado diversos trabajos han considerado el número, composición, liderazgo y acervo ideológico de las facciones políticas que operaban en la Atenas de la guerra de Corinto. Por ejemplo, C. Pecorrella Longo, *"Eterie" e gruppi politici nell'Atene del IV sec. a.C.*, Florencia, 1971, esp. 53-59 distingue los grupos políticos encabezados por Trasibulo y Céfalo a comienzos del siglo IV, mientras L. Sancho, «Los "moderados" atenienses y la implantación de la oligarquía.

Corrientes políticas en Atenas entre 411 y 403 a.C.», *Veleia* 21, 2004, 73-98 trata de demostrar que, en cuanto a composición e ideología, no existía un grupo político «moderado» con rasgos definidos, partícipe de ideas oligárquicas y democráticas y con el pensamiento de Terámenes como columna vertebral, sino que todo ello es un producto historiográfico creado por la *Athenaion Politeia* aristotélica a finales del siglo IV. C. Bearzot, «Platone e i "moderati" ateniesi», *MIL* 37, 1981, 3-157 define y sitúa el pensamiento platónico en relación con el movimiento político y cultural «moderado» (léase conservador, antidemocrático) ateniense, y en particular con Isócrates; a diferencia de éste, que en el primer cuarto del siglo IV se mostró complaciente con el núevo régimen democrático, y de Andócides, que por el contrario se mostró combativo y pagó con el exilio su osadía, Platón optó en estos años por el aislamiento de las corrientes de opinión que podían ser más cercanas a su ideario político.

Trasíbulo de Estiria fue en los años que precedieron al estallido de la guerra de Corinto el principal abogado de la vía política que propugnaba una alianza con una confederación beocia hegemonizada por Tebas como medio de sacar a Atenas de su aislamiento y de su sometimiento a Esparta. Pues bien, John Buckler, «A Survey of Theban and Athenian Relations between 403 and 371 B.C.», en P. Angeli Bernardini (ed.), *Presenza e funzione della città di Tebe nella cultura greca, Atti del Convegno Internationale (Urbino 7-9 luglio 1997)*, Pisa-Roma, 2000, 319-329 recorre la suerte de esta alianza que, precedida por un clima de entendimiento y anudada al fin en 395, se fue progresivamente diluyendo conforme aumentaba la desconfianza mutua entre los dos estados y en especial por el temor ateniense al creciente poder tebano.

Contra la tendencia de la historiografía moderna a calificar a los políticos atenienses de comienzos del siglo IV de imperialistas o demócratas moderados, imperialistas o demócratas radicales y antiimperialistas, Saul Perlman, «Athenian Democracy and the Revival of Imperialistic Expansion at the Beginning of the Fourth Century B.C.», *CPh* 63, 1968, 257-267 ha preconizado que en política interna los distintos grupos o facciones pugnaban por el reparto de poder, pero en política exterior convergían en un punto esencial: la necesidad de restablecer el imperio ateniense en el Egeo. Sobre esta base el historiador hebreo opina que no hubo diferencias sustanciales en la orientación política adoptada con respecto a Esparta y Persia, siempre que fuera en beneficio de la reconstrucción de la hegemonía marítima. Bajo similar luz, sólo que ampliando su examen al conjunto del siglo IV y atribuyendo el éxito más al pueblo reunido en Asamblea que a los políticos mismos, Phillip Harding, «Athenian Foreign Policy in the Fourth Century», *Klio* 77, 1995, 105-125 cree que la política exterior ateniense fue en este período consistente y coherente en sus objetivos claves para la seguridad del Estado.

Los diez años de duración de la guerra de Corinto vieron desfilar por los tribunales atenienses a no menos de doce políticos y estrategos bajo distintos cargos y con distinta suerte. En realidad se trata de una constante a lo largo de todo el siglo IV, en el que es raro encontrar individuos que desarrollaran una carrera pública de cierta notoriedad sin figurar como acusadores o acusados en algún proceso judicial (*pace* P. Cloché, «Les hommes politiques et la justice populaire dans l'Athènes du IVe siècle», *Historia* 9, 1960, 80-95, que minimiza la estadística). Ahora bien, la tendencia es aún mayor en las primeras dos décadas del siglo. Tradicionalmente se piensa que los promotores de tales juicios fueron los demócratas radicales, que en su afán belicista no perdonaban los errores de aquellos en quienes habían confiado para alguna acción militar o diplomática. Frente a esta *communis opinio* se ha alzado Jennifer T. Roberts, «The Athenian Conservatives and the Impeachment Trials of the Corinthian War», *Hermes* 108, 1980, 100-114, para quien los ataques no provendrían de los demagogos, sino de unos conservadores deseosos de poner fin al conflicto, al que según la autora habrían sido arrastrados por la facción moderada de Trasíbulo de Estiria. Conforme la resolución de la contienda se complicaba para Atenas, los conservadores (grupo que en ningún momento es definido) se irían disociando de los moderados, dejando oír su voz a través de procesos judiciales emprendidos contra quienes más se habían significado a favor de la continuidad de la guerra (naturalmente demócratas radicales, nueve de los doce constatados en opinión de Roberts, aunque utiliza evidencia poco firme en ciertos casos), ya fueran motivados por operaciones militares fallidas, corrupción o malversación de fondos. Por su parte, Claude Mossé, «Les proces politiques et la crise de la démocratie athénienne», *DHA* 1, 1974, 207-236, esp. 216-219, prefiere pensar que tal proliferación de acciones judiciales se explica más bien por la abierta oposición entre partidarios y opositores del imperialismo marítimo.

Dentro del mismo campo judicial, Barry Strauss, «The Cultural Significance of Bribery and Embezzlement in Athenian Politics: The Evidence of the Period 403-386 B.C.», *AncW* 11, 1985, 67-74 registra un total de trece procesos por corrupción y malversación de fondos contra al menos catorce individuos diferentes en los diecisiete años que siguen a la restauración democrática de 403. El artículo concluye que ningún representante público estaba exento de ser acusado (generales, oradores, trierarcos, embajadores, etc.) y que los procesos suelen responder a motivaciones políticas, relacionadas en su mayoría con la guerra corintia en curso. Para el autor estadounidense las razones han de buscarse sobre todo en la precariedad económica ateniense en esos momentos, tanto del Tesoro público como de los propios individuos, que los hacía más veniales. Strauss cierra su trabajo con una comparación entre la mentalidad griega antigua y la moderna (particularmente norteamericana) en el tema de las «compensaciones» privadas a cargos públicos, de la que se desprende que los griegos no tenían tantos prejuicios sobre esta práctica, siempre y cuando no fuera en claro perjuicio de la comunidad política. Esta misma premisa es el punto de partida del trabajo de S. Perlman, «On Bribing Athenian Ambassadors», *GRBS* 17, 1976, 223-233, circunscrito a los atenienses que servían en embajadas ante estados no griegos como Persia y Macedonia, cuyos gobernantes incluían costosos regalos en el agasajo de sus invitados; Perlman incluye los casos más significativo durante la guerra de Corinto, los de Epícrates y Formisio, acusados por sus enemigos políticos de recibir sobornos del Gran Rey.

3.3 *Corinto*

Sobre Corinto, la tesis doctoral de K.L. Roberts, *Corinth Following the Peloponnesian War: Success and Stability*, University of Northwestern, 1983 se ocupa de la historia de dicho estado desde el final de la guerra del Peloponeso hasta la destrucción de la ciudad en 146 a.C. En particular las páginas 56-102 atienden al papel desempeñado por esta *pólis* durante la guerra corintia, haciendo hincapié en la *stásis* interna que vivió la ciudad y en la supuesta unión política con Argos (*vid. infra*). Con menor detalle lo hace a partir de la página 71 la de D. Kagan, *Politics and Policy in Corinth 421-336 B.C.*, Diss. Ohio State University, 1958.

La que sin duda es la principal monografía sobre la historia de Corinto, la de J.B. Salmon, *Wealthy Corinth. A History of the City to 338 B.C.*, Oxford, 1984, dedica a la guerra corintia todo el capítulo 24 (págs. 342-370), centrando también su atención en la «revolución» que sacudió Corinto y en la ponderación de la unión con Argos, que para el autor norteamericano no pasó de ser una *isopoliteía* o un acuerdo formal de naturaleza similar, ciertamente importante pero de menor trascendencia que un estado federal. Recogemos asimismo la obra de M. Sakellariou y N. Faraklas, *Corintia-Cleonaea*, Atenas, 1971 por lo que tiene de fundamental para el conocimiento del territorio y la población de la Corintia (además de la ciudad de Corinto, su puerto de Lequeo y los Muros Largos, incluye lugares tan importantes como los Hereos de la península de Perácora, el santuario de Posidón en Istmia, el *diolkos* que cruzaba el istmo, etc.) desde el Neolítico hasta el siglo IV de nuestra Era, en particular para el número, tipo e identificación de asentamientos, con abundante cartografía y planos (época clásica en págs. 79-107). Para las amplias relaciones económicas de la ciudad –sobre todo con el Adriático, Sicilia y la Magna Grecia–, heredadas de su papel primordial en la colonización y el comercio del arcaísmo, es importante M.L.Z. Munn, *Corinthian Trade with the West in the Classical Period*, Diss. Bryan Mawr College, 1983.

Puesto que buena parte de la guerra que nos ocupa tuvo como escenario el istmo de Corinto, de donde obviamente toma el nombre, es imperativo un acercamiento a la topografía, los principales núcleos de población, los puertos y las vías de comunicación que surcaban la Corintia y la conectaban con los territorios vecinos, puntos que son abordados por J. Wiseman, *The Land of the Ancient Corinthians*, Studies in Mediterranean Archaeology 50, Gotemburgo, 1978. Aunque Wiseman declara no haber pretendido realizar un análisis histórico, y en verdad no lo hace, no es menos cierto que ha dado entrada en su trabajo a la discusión sobre acontecimientos que las fuentes antiguas localizan en el solar corintio y, por tanto, las referencias a Jenofonte y a la guerra de Corinto son constantes. También carácter topográfico tiene una escueta nota de C.A. Robinson, «Topographical Notes on Perachora, with Special Reference to Xenophon's Account of the Corinthian War, 390 B.C.», *AJA* 31, 1927, 96 a propósito de la campaña emprendida por Agesilao en el verano de 390 contra la península de *Perachora*, al noroeste de la Corintia, que causó un enorme daño debido a que los corintios guardaban allí el ganado y sus enseres (Robinson describe la orografía de esta península que se adentra en el golfo de Corinto, así como su sistema de fortificaciones: Enoe al este, el complejo del Hereo al suroeste y entre ambos el llamado Pireo). Sobre este mismo episodio, Cristina Carità, «Un episodio di *asylía* all'Heraion della Perachora», en G. Daverio Rocchi y M. Cavalli (a.c.), *Il Peloponneso di Senofonte, Giornate di Studio del Dottorato di recerca in Filologia, Letteratura e Tradizione classica (Milano, 1-2 aprile 2003)*, Milán, 2004, 93-113 debate si la acción de Agesilao al tomar el Hereo de Perácora y la subsecuente venta como esclavos de los corintios suplicantes puede ser considerada un acto de impiedad; la autora cree que no, pues la protección que otorgaban los santuarios era diferente del derecho de *asylía* y no era ilimitada, según demuestra que sus vulneradores no fueran castigados hasta el siglo III.

3.4 *Esparta*

En cuanto a Esparta, el ya clásico libro de W.G. Forrest, *A History of Sparta, 950-152 B.C.*, Londres, 1980[2], dedica algunas páginas a la guerra de Corinto (122-127), dentro del capítulo sobre el «imperio espartano». Sin embargo, la que fuera tesis doctoral de Paul Cartledge, *Sparta and Lakonia. A Regional History 1300-362 B.C.*, Londres-Boston-Henley, 1979, sigue siendo la monografía más exhaustiva acerca de la historia de Esparta como entidad política independiente, según prueba su reciente –y revisada– reedición en 2002. La guerra de Corinto queda incluida en el capítulo 12, «The Reduction of Lakonia 404-362», especialmente páginas 267-288, aunque son constantes las referencias a este período en otros apartados del libro. En castellano, en nuestra síntesis titulada *Esparta. Historia, sociedad y cultura de un mito historiográfico*, publicada no hace mucho por la Editorial Crítica (Barcelona, 2003), dedicábamos, dentro del capítulo de la Esparta clásica, las páginas 171 a 181 a exponer acontecimientos de la guerra de Corinto desde la óptica lacedemonia. Otro tanto ha hecho Kart-Wilhem Welwei en las páginas 284-293 de su también reciente *Sparta. Aufstieg und Niedergang einer antiken Grossmacht*, Stuttgart, 2004. Interesa así mismo el capítulo V (págs. 222-270) de C. Falkner, *Sparta and the Sea. A History of Spartan Sea-power, c. 706-c. 373 B.C.*, Diss. University of Alberta, 1992, dedicado al poder naval lacedemonio entre las naumaquias de Egospótamos (405) y Corcira (373).

Volviendo a Cartledge, considerado hoy por hoy el mayor especialista en Esparta, nos ha dado un estudio más específico que gira en torno a la figura del diarca eurypóntida Agesilao II, uno de los reyes más influyentes y que mejor supo controlar los resortes en el complicado organigrama de poder del Estado lacedemonio, cuya primera parte de su largo reinado coincide con la guerra de Corinto. Más que una biografía, *Agesilaos and the Crisis of Sparta*, Baltimore, 1987 es un inteligente trabajo sobre la Esparta –y también la Grecia– de la primera mitad del siglo IV. El autor británico organiza la obra en tres secciones que pueden leerse de manera independiente. La primera, de carácter introductorio, muestra cómo era la Esparta que vio nacer a Agesilao, cómo fue la infancia y juventud del rey y cuáles son las fuentes disponibles al historiador. La segunda parte, que constituye el cuerpo central del libro, es temática, consta de una serie de temas que tienen como nexo la figura de Agesilao: la relación con Lisandro y las circunstancias que rodearon el ascenso al trono eurypóntida, una reflexión sobre la *Rhétra* o Constitución espartana, la amenaza endémica que suponían las clases dependientes (concretada en la conjura de Cinadón de hacia el año 398), la política de patronazgo que desplegó el rey como medio de controlar las fuentes de poder dentro del Estado, su cualifición como jefe militar, el tratamiento de los aliados de la liga del Peloponeso, el servicio como mercenario al final de su vida, su muerte y heroización. Por fin, el tercer apartado es narrativo, ofrece un relato condensado de la historia política y militar de Grecia en este período.

A diferencia de Cartledge, Charles D. Hamilton, *Agesilaus and the Failure of Spartan Hegemony*, Ítaca-Londres, 1991 concibe un planteamiento más convencional basado en la división de la vida de Agesilao, y también de la historia de Esparta, en diferentes fases diacrónicas separadas entre sí por acontecimientos de gran relevancia como la paz del Rey, la toma de la Cadmea tebana por Fébidas o la batalla de Leuctra, y precedidas de un capítulo sobre el carácter y personalidad de Agesilao, otro sobre su papel como rey y comandante militar y un tercero sobre la crisis socioeconómica que atravesó Esparta en el siglo IV. El mismo autor tiene un artículo con idéntico título publicado una década antes en *AncW* 5, 1982, 67-78.

Otro libro importante con el rey Agesilao y la Esparta que gobernó como protagonistas (en realidad el primero de la historiografía moderna), nacido asimismo de una tesis doctoral, es el de James G. DeVoto, *Agesilaos II and the Politics of Sparta, 404-377 B.C.*, Loyola University Chicago, 1982. La guerra de Corinto y sus orígenes se desgranan a lo largo de los capítulos IV, V y VI (págs. 71-171), también en un riguroso orden diacrónico.

Sabemos también de la existencia de una tesis doctoral más antigua, ésta alemana, pero de escasa difusión y casi imposible consulta: E. Zierke, *Agesilaos. Beiträge zum Lebensbild und zur Politik des Spartanerkönigs*, Frankfurt, 1936.

Ephraim David, *Sparta between Empire and Revolution, 404-243 B.C. Internal Problems and their Impact on Contemporary Greek Consciousness*, Nueva York, 1981 tiene un arco cronológico más amplio, desde el final de la guerra del Peloponeso hasta los albores de las reformas auspiciadas por Agis IV y Cleómenes III. Interesan en particular para nuestro tema los dos primeros capítulos (págs. 5-77), en los que David aborda los conflictos internos en Esparta durante el período de su hegemonía y los cambios socioeconómicos vividos por la sociedad espartana: el influjo de la riqueza proveniente del imperio adquirido de Atenas, la corrupción de los ideales de Licurgo, la veracidad de la controvertida retra de Epitadeo...

La tesis doctoral de Walter W. Snyder, *Peloponnesian Studies, 404-371*, Princeton University, 1973 versa sobre las relaciones de Esparta con sus aliados de la liga del Peloponeso a lo largo del período de su hegemonía en Grecia, en el que se constata el establecimiento de un control mucho más férreo y una mayor injerencia en los asuntos internos de sus *sýmmachoi*.

Otros trabajos más específicos se han centrado en este período para ahondar en un ámbito concreto, por ejemplo en el político y militar, donde R.E. Smith, «The Opposition to Agesilaus' Foreign Policy, 394-371 B.C.», *Historia* 2, 1953-1954, 274-288 traza la evolución de la política exterior espartana en un período de veinticinco años que coincide con el de su hegemonía en Grecia, una política de corte imperialista moldeada por quien ejerció un control casi absoluto de las instituciones lacedemonias, el rey euripóntida Agesilao II. Sin embargo Smith observa que hubo en este tiempo ocasiones en las que esta línea política dio algún que otro «bandazo», lo que se explicaría por una cierta oposición interna a los dictados de Agesilao, encarnada según qué momento por distintos miembros de la elite espartiata; así, las negociaciones de paz celebradas en Esparta en el invierno de 392/1 habrían sido promovidas por unos oponentes políticos que Smith no identifica (pero niega que fuera el navarco Antálcidas, como se suele argüir), luego durante las guerras contra Olinto y Fliunte en 381 encontró en el rey Agesípolis la mayor resistencia y, por fin, sería otro diarca, Cleombroto, con quien se enfrentaría a propósito de la guerra contra Beocia de 379-371.

H.W. Parke, «The Development of the Second Spartan Empire (405-371)», *JHS* 50, 1930, 37-79 analiza fundamentalmente el uso que Esparta hizo de los harmostas (altos oficiales que servían en el exterior y cuyas funciones se adaptaban a las necesidades del imperialismo espartano en sus diferentes fases) desde su aparición en la colonia de Heraclea Traquinia en 426, durante la primera parte de la guerra del Peloponeso, hasta su desaparición tras la paz general (*koinè eiréne*) que siguió en 371 a una batalla de Leuctra que había puesto fin a la hegemonía espartana en Grecia. Parke distingue dos clases fundamentales de harmosta: aquél que durante la guerra del Peloponeso y a su finalización, con el imperio construido por Lisandro, es el gobernador de una ciudad y responsable de una guarnición lacedemonia con la que asegura el orden interno y la lealtad a Esparta de la misma, y aquél que, cruzado el siglo IV, es enviado a Asia Menor al frente de tropas aliadas y mercenarias –a fin de no desnudar a Esparta de *hómoioi*– para saquear y combatir al persa, con territorios mucho más extensos a su cargo. Precisamente para la documentación sobre harmostas, con fecha y duración de sus funciones (incluyendo un catálogo onomástico final), el trabajo básico sigue siendo el de Gabriele Bockisch, «Ἁρμοσταί (431-387)», *Klio* 46, 1965, 129-239, que dedica el punto noveno a los harmostas que cumplieron servicio entre 401 y la paz del Rey.

En «Thebes and Sparta in the Fourth Century: Agesilaus' Theban Obssesion», *Ktèma* 19, 1994, 239-258, Charles Hamilton revisa las difíciles relaciones de Tebas y Esparta entre el final de la guerra del Peloponeso (404) y la batalla de Leuctra (371), a través de una serie de incidentes, para argüir que fue la aversión alimentada por Agesilao contra Tebas el principal factor que explicaría la hostilidad mutua entre ambos estados; dado que al final Tebas aplastó a las huestes lacedemonias de Cleombroto en Leuctra, Hamilton responsabiliza en buena medida al rey Agesilao del declive de Esparta.

Las decarquías o gobiernos integrados por diez oligarcas afines a Esparta y muy vinculados a la figura de Lisandro fueron otro mecanismo de control imperial diseñado por este último, quien creó auténticas clientelas políticas. Sobre el carácter y la fecha de estas decarquías, véase E. Cavaignac, «Les dékarchies de Lysandre», *REH* 90, 1924, 285-316, A. Andrewes, «Two Notes on Lysander», *Phoenix* 25, 1971, 206-226 (esp. 206-216) y C.D. Hamilton, «Lysander, Agesilaus, Spartan Imperialism and the Greeks of Asia Minor», *AncW* 23, 1992, 35-50.

Un viejo artículo de Luigi Pareti, «Elementi formatori e dissolventi dell'egemonia spartana in Grecia», *AAT* 48, 1911-1912, 108-126 (= *Studi minori di storia antica, II: Storia greca*, Roma, 1961, 193-211) repasa en su primera parte los diferentes factores que marcaron el camino de Esparta en su constitución como poder hegemónico y en la segunda, aquélla que nos interesa, la que sucede a la guerra del Peloponeso, los elementos que inciden de una u otra forma en su colapso –que para el historiador italiano no es otra cosa que su fracaso en el proyecto de crear una «nación griega»–, como el insuficiente número de ciudadanos-soldados, la carencia de una flota propia y permanente, la política personalista de Lisandro y luego de Agesilao, el lastre de la tradición licurguea frente a las innovaciones, el apoyo a facciones laconizantes que suscitan revueltas...

Dentro de la elite espartiata se acostumbra a distinguir dos facciones que lucharían por hacerse con el control de las instituciones y así determinar los cauces por los que debe discurrir la política exterior: una facción imperialista a ultranza encabezada por Lisandro y otra más conservadora, con el rey Pausanias al frente, que postularía una vuelta a la política «natural» de Esparta, limitando su hegemonía al Peloponeso. No obstante, Charles D. Hamilton, «Spartan Politics and Policy, 405-401 B.C.», *AJPh* 91, 1970, 294-314 ha creído identificar una tercera facción agrupada en torno al rey Agis II, que abogaría por un imperio exclusivamente continental y levantado sobre harmostas y gobiernos leales a Esparta y no a Lisandro (pero véase la crítica de Wesley E. Thompson, «Observations on Spartan Politics», *RSA* 3, 1973, 47-57).

Igualmente ha despertado sumo interés el aspecto socioeconómico, dado que en la Esparta triunfadora sobre Atenas se percibe el germen de su propia desintegración como sociedad «modélica» en la que la clase propietaria dirigente (los espartiatas o *hómoioi*) se beneficia de la explotación de una mayoría de la población lacedemonia con estatutos de dependencia variados (hilotas, periecos, neodamodes, inferiores, motaces, etc.). Las fuentes antiguas atribuyeron el declive espartano al efecto pernicioso de un gran flujo de riqueza proveniente del imperio heredado de Atenas. Entre los historiadores modernos, algunos han aceptado su juicio (por ejemplo Ephraim David, «The Influx of Money into Sparta at the End of the Fifth Century B.C.», *SCI* 5, 1979-80, 30-45), otros lo han matizado, restando importancia a un factor que no haría sino acelerar unos cambios socioeconómicos que se están produciendo desde al menos un siglo antes en la sociedad espartana, un proceso paulatino en el que desempeña el papel principal la *oliganthropía*, la escasez de ciudadanos de pleno derecho (es el caso de Stephen Hodkinson, «Social Order and the Conflict of Values in Classical Sparta», *Chiron* 13, 1983, 239-281; Id., «Warfare, Wealth, and the Crisis of Spartiate Society», en J. Rich y G. Shipley, *War and Society in the Greek World*, Londres-Nueva York, 1993, 146-176; Id., «Spartan Society in the Fourth Century: Crisis and Continuity», en P. Carlier (ed.), *Le IVe siècle. Approches historiographiques*, Nancy, 1996, 85-101).

Finalmente recordemos aquí el reciente congreso sobre *Xénophon et Sparte* que ya hemos comentado en el apartado dedicado a Jenofonte.

3.5 *Fliunte*

R.P. Legon, «Phliasian Politics and Policy in the Early Fourth Century B.C.», *Historia* 16, 1967, 324-337 (adaptación del capítulo correspondiente de su tesis doctoral *Demos and Stasis: Studies in the Factional Politics of Classical Greece*, Cornell University, 1966, 149-173) profundiza en el conflicto interno entre demócratas y oligarcas en el cuerpo cívico de Fliunte durante el primer tercio del siglo IV. De Jenofonte se colige que en algún momento de la primera década del siglo, tras uno de estos episodios de *stásis*, el tradicional régimen oligárquico fue sustituido por uno democrático y numerosos ciudadanos laconizantes partieron al exilio. Legon sospecha que pudo ser poco antes de 394, pues Fliunte alegó observar una tregua sagrada para no enviar tropas a Nemea y tampoco aceptó acoger una guarnición lacedemonia en la ciudad, por miedo a que ésta promoviese el retorno de los exiliados. Estos signos de desafección no fueron empero suficientes para que Esparta temiera que la nueva democracia fliasia pudiera abandonar la liga del Peloponeso y unirse a la coalición antiespartana en la guerra de Corinto, sobre todo en virtud del largo itinerario de hostilidades mantenidas con los argivos. Así que, aunque Esparta no le agradó en absoluto el cambio constitucional (*metabolè politeías*), esperó al final de la guerra para, ya en 384, gracias a una peculiar interpretación de la cláusula de autonomía acordada en la paz del Rey, Agesilao auspiciase el regreso de los desterrados filolaconios, así como la restitución de sus bienes, y tres años más tarde, ante nuevas críticas de los otrora exiliados y aprovechando la presencia de su colega Agesípolis en la guerra olintia, dirigir personalmente un asedio de veinte meses a la ciudad que sólo cesó con la instauración de una oligarquía de perfil laconizante, algunos de cuyos miembros eran huéspedes, amigos y clientes del rey euripóntida.

Muy distintas son las conclusiones de W.E. Thompson, «The Politics of Phlius», *Eranos* 68, 1970, 224-230 y de Luigi Piccirilli, «Fliunte e il presunto colpo di Stato democratico», *ASNP* 4, 1974, 57-70, para quienes los disturbios internos que azotaron la ciudad no nacían de una divergencia ideológica –Jenofonte no habla en ningún momento de demócratas, se ha inferido del hecho de que haya exiliados filolaconios–, sino de la orientación de la política exterior, fundamentalmente en relación con Esparta y el apoyo de ésta a un grupo determinado de ciudadanos laconizantes (sería pues un caso similar al de Tebas antes y durante la guerra corintia). Con todo, hay relevantes matices en las líneas argumentativas de ambos autores. Thompson cree que en el cuerpo cívico de Fliunte es posible distinguir tres grupos con varios centenares de ciudadanos: uno estaría integrado por los amigos, clientes y partidarios de Agesilao (serían los exiliados), otro estaría más vinculado al otro rey espartano, Agesípolis, y un tercero de tendencias proargivas (el más extraño, dado que Argos fue siempre una amenaza para la supervivencia de Fliunte). En cambio Piccirilli se ajusta a criterios de índole socioeconómica para hablar de una clase dirigente escindida en dos facciones: una de oligarcas moderados, descontentos por haber sufrido en mayor medida los rigores de la guerra y no haberse beneficiado de la amistad con Esparta, la otra de oligarcas extremos, que copa los puestos de responsabilidad en el Estado en virtud de su ciega lealtad a Esparta (obviamente en este caso fueron éstos los que marcharon al exilio y pidieron ayuda a los lacedemonios).

Por su parte G. Daverio Rocchi, «La città di Fliunte nelle *Elleniche*. Caso politico e modello letterario», en G. Daverio Rocchi y M. Cavalli (a.c.), *Il Peloponneso di Senofonte, Giornate di Studio del Dottorato di recerca in Filologia, Letteratura e Tradizione classica (Milano, 1-2 aprile 2003)*, Milán, 2004, 41-56 pone de manifiesto que la *pólis* de Fliunte asume un doble papel en las *Helénicas* jenofónticas: por un lado en los libros IV y V, que se corresponden con las dos primeras décadas del siglo IV, Fliunte sirve política y militarmente a los intereses hegemónicos espartanos en el Peloponeso, por otro lado en el libro VII se convierte en el paradigma de pequeña ciudad estado en el marco de la reflexión teórica sobre las relaciones entre grandes y pequeños poderes. De los cinco apartados en que se articula la contribución de la estudiosa transalpina, el segundo aborda específicamente la *stásis* fliasia que brota durante la guerra corintia y culmina tras la paz del Rey. Daverio Rocchi infiere, del hecho de que rivalice con *olígoi*, que sí hubo un golpe de Estado que implantó la democracia, posiblemente en 392/1 (algo después que Legon), y que fue el empeño personal de Agesilao por restaurar a sus *phíloi* fliasios en el poder, en contra de su colega en el trono Agesípolis y quizás de otros sectores de la sociedad lacedemonia, el instrumento que finalmente materializó la caída del régimen democrático de Fliunte.

Una quinta contribución, la de Raoul Lonis, «Poliorcétique et *stasis* dans la première moitié du IVe siècle av. J.-C.», en P. Carlier (ed.), *Le IVe siècle. Approches historiographiques*, Nancy, 1996, 241-257 indaga en la *stásis* fliasia, pero con el objetivo fundamental de ponerla en relación con el asedio sufrido por la ciudad y la devastación de su *chóra* por las huestes lacedemonias.

3.6 *Mégara*

Mégara era un estado situado en pleno istmo de Corinto, uno de los teatros fundamentales del conflicto en virtud de las posibilidades estratégicas que ofrecía su control. Sin embargo, ni una sola fuente nos informa de qué partido adoptaron los megarenses, si permanecieron fieles a Esparta o se sumaron al sinedrio de Corinto, si sufrieron daños a sus puertos o a su comercio o si su *chóra* fue invadida, de ahí que sea una natural asunción de los estudiosos modernos que permanecieran neutrales, ya fuera *de facto* o *de iure*. Ronald Legon, en el que sin lugar a dudas es el principal, si no único, estudio monográfico sobre esta *pólis* (*Megara. The Political History of a Greek City-State to 336 B.C.*, Ítaca-Londres, 1981, esp. 257-267), explica esta peculiar actitud en un miembro de la liga del Peloponeso debido a que Mégara habría salido de la guerra del Peloponeso con graves pérdidas económicas y demográficas que mermaron sensiblemente su poderío militar y la hacían prácticamente inerme ante la amenaza planteada por una poderosa coalición de estados que la rodeaban territorialmente. Incapaz de honrar sus compromisos militares con Esparta, Mégara podría haberse mantenido al margen de las hostilidades con el beneplácito de ésta, tal y como haría Corinto en 366 en el curso de la guerra contra Tebas.

3.7 *Persia y Asia Menor*

La reclamación persa de soberanía sobre las ciudades griegas de Asia Menor determinó la relación del imperio persa, y sobre todo la de sus satrapías más occidentales, con diversos estados griegos desde finales de la guerra del Peloponeso. Los inagotables recursos del Gran Rey le convertían en un aliado deseable dentro del juego diplomático que precedió, acompañó y sucedió a la guerra de

Corinto, lo que acabó por erigir a Artajerjes II en árbitro de las disputas griegas y garante de los acuerdos de paz. Acerca de la historia de Persia en este período señalaremos en primer lugar el libro de John Cook, *The Persian Empire*, Londres, 1983, el cual, más allá de dedicar el capítulo XVIII a la fase final del imperio aqueménida, desde la muerte de Artajerjes I en 424 a la de Darío III Codomano en su huída de las tropas de Alejandro, es crucial para la comprensión de la Persia aqueménida. Otro trabajo importante, el de A.T. Olmstead, *History of the Persian Empire (Achaemenid Period)*, Chicago, 1948, consagra el capítulo XXVII a la primera parte del reinado de Artajerjes II Memnón, cerrada con la paz del Rey (el autor niega el título alternativo de paz de Antálcidas), en la que no tiene reparos en denominarle «dictador de Grecia» y en afirmar que «había triunfado allí donde Darío y Jerjes habían fracasado». Por su parte, M.A. Dandamaev, *A Political History of the Achaemenid Empire*, Leiden, 1989 (original ruso de 1985), esp. 274-295, desarrolla desde la óptica persa la revuelta de Ciro el Joven y la significación de la paz del Rey.

De la excelente obra de Pierre Briant, *Histoire de l'empire perse. De Cyrus à Alexandre*, París, 1996, interesa especialmente el capítulo XV, sobre Artajerjes II y Artajerjes III, en el que analiza la ascensión del primero, la rebelión de su hermano menor Ciro y la expedición de los Diez Mil, las campañas espartanas de Tibrón, Dercílidas y Agesilao en Asia Menor y el papel del Rey en la guerra y en la paz que porta su nombre. Pero lo más importante es que el erudito francés no adopta exclusivamente un enfoque helenocentrista y, haciendo uso de fuentes orientales, ofrece una interesante perspectiva de otros problemas «internos» como las sublevaciones de Egipto y Chipre que ayudan a entender mejor la política persa en el Egeo.

Cabe recordar con un carácter general los trece volúmenes, resultado de otros tantos congresos sobre distintos temas referentes al mundo iranio, editados bajo la dirección de H. Sancisi-Weerdenburg, *Achaemenid History*, Leiden, 1987-2003.

Nacido de seis seminarios impartidos por el autor en Cincinati en 1976, D.M. Lewis, *Sparta and Persia*, Leiden, 1977 estudia a partir del capítulo tercero las relaciones entre persas y griegos (con especial atención a Esparta) desde 440. Dentro del capítulo sexto (págs. 138 ss.), siempre adoptando una perspectiva más oriental que griega y con una reflexión sobre los griegos de Asia como telón de fondo, el norteamericano analiza la historia de los encuentros y desencuentros de espartanos y persas a principios del siglo IV: el retorno de Tisafernes a la satrapía de Lidia tras el fracaso de la revuelta de Ciro y su presión sobre los griegos de Jonia, las sucesivas campañas asiáticas de los espartanos Tibrón, Dercílidas y Agesilao, el estallido de la guerra de Corinto y el abandono espartano de Asia Menor y, finalmente, el entendimiento que fructifica en la paz del Rey. También asume un enfoque no exclusivamente griego –en realidad las fuentes asiáticas son escasas y de difícil interpretación– la obra de George Cawkwell, *The Greek Wars. The Failure of Persia*, Oxford, 2005, que arranca de la expansión hacia Occidente de Ciro el Grande a mediados del siglo VI y culmina con la derrota de Darío III Codomano por Alejandro Magno; interesa en particular el capítulo 8 (págs. 147-174) sobre «La recuperación de los griegos de Asia», en el que se debate la suerte de éstos en medio de alianzas diplomáticas y bélicas entre griegos y persas a comienzos del siglo IV.

J.P. Stronk, «Sparta and Persia: 412-386. An Outline», *Talanta* 22-23, 1990-1991, 117-136 esboza los encuentros entre ambos poderes desde los tratados firmados durante la guerra jónica, en 412/1, hasta la paz del Rey de 386, mientras M. Corsaro, «Sulla politica estera persiana agli inizi del IV secolo: La Persia e Atene, 397-386 a.C.», en S. Alessandri (a.c.), Ἱστορίη. *Studi offerti dagli allievi a Giuseppe Nenci in occasione del suo settantesimo compleanno*, Galatina, 1994, 109-130 recrea las mutables relaciones de Persia con Atenas en parecido período de tiempo; según el autor italiano los persas apoyaron diplomática o económicamente a una u otra *pólis* en función de sus intereses y si finalmente se inclinaron por los lacedemonios fue porque los veían más conservadores, menos propensos a un imperio que se extendiera por Asia.

Chester G. Starr, «Greek and Persians in the Fourth Century. A Study in Cultural Contacts before Alexander», *IA* 11, 1975, 39-99 y 12, 1977, 49-115 dedica la primera parte de este extenso artículo a la historia política de las relaciones grecopersas hasta el advenimiento de Alejandro Magno y al desarrollo económico y social de Asia Menor, la región que pueblos de origen griego y oriental habitaron –y a veces se disputaron–, mientras que en la segunda parte del trabajo se ocupa de los contactos culturales, especialmente en el terreno del arte, así como de las acuñaciones monetarias, siempre en la privilegiada área minoriasiática. Objetivos muy similares, aunque circunscritos a Jonia, mueven el capítulo XIV (págs. 237-251) de O. Picard, *Les grecs devant la menace perse*, París, 1980, que traza el camino de la región en el siglo IV, desde el sufrimiento del imperialismo lacedemonio al paso a la soberanía persa.

Eugenio Lanzillotta, «Le città greche dell'Asia Minore dalla battaglia di Cnido alla pace di Antalcida», en L. Gasperini (a.c.), *Scritti sul mondo antico in memoria di Fulvio Grosso*, Roma, 1981, 273-288 utiliza recientes descubrimientos epigráficos (decretos atenienses para Eritras, Clazómenas, el *koinón* eteocarpaciano) para reconsiderar la situación de las ciudades griegas minorasiáticas en un período muy concreto, el que sigue a la «liberación» del yugo lacedemonio tras la batalla naval de Cnido en 394 y la «firma» de la paz del Rey en 386, que ponía a dichas ciudades bajo soberanía persa. El autor italiano observa que dichas ciudades viven una permanente inestabilidad interna que depende de las relaciones de fuerza entre las potencias hegemónicas de Atenas, Esparta y Persia; asimismo constata, a partir del arbitraje entre Mileto y Miunte, que la influencia persa en la región fue más intensa de lo que podría suponerse antes de la paz del Rey.

También parte de estos hallazgos epigráficos K. Aikyo, «Clazomene, Eritre ed Atene prima della Pace di Antalcida (387 a.C.)», *Acme* 41, 1988, 17-33, quien compara los dos decretos atenienses relativos a Clazómenas y Eritras, ambos del año 387, para concluir que Atenas les concede un diferente trato –que se justificaría en virtud de la historia de las relaciones bilaterales con cada una–, ya que en el caso de la primera interviene sólo en su política exterior, mientras que en el de la segunda lo hace también en la interior. El decreto sobre Clazómenas (*IG* II^2 28) fue dado a conocer por S. Sahin, «Ein attisches Dekret für Erythrai», *Turk Tarih Belleten* 40, 1976, 569-571, el de Eritras (*SEG* XXVI.1282) por R. Merkelbach, «Das attische Decret für Klazomenai aus dem Jahr 387», *ZPE* 5, 1970, 32-36.

Charles D. Hamilton, «Lysander, Agesilaus, Spartan Imperialism and the Greeks of Asia Minor», *AncW* 23, 1992, 35-50 y C. Fornis, «Identidad cultural y política de fuerza: los griegos asiáticos hasta la paz del Rey (386 a.C.)», en D. Plácido *et alii* (eds.), *La construcción ideológica de la ciudadanía. Identidades culturales y sociedad en el mundo griego antiguo*, Madrid, 2006, 283-301 ponen el énfasis en el relevante papel que los griegos asiáticos desempeñaron en un cuarto de siglo (411-386) caracterizado por el imperialismo lacedemonio abanderado por Lisandro y Agesilao, un período en el que Esparta pasó de poner a estos miembros de la comunidad helénica bajo la tutela persa a luchar denodadamente por su libertad y de nuevo traicionarlos al reconocer la soberanía del Gran Rey sobre ellos. No en vano R. Seager y C. Tuplin, «The Freedom of the Greeks of Asia Minor. On the Origins of a Concept and the Creation of a Slogan», *JHS* 100, 1980 141-157 demuestran que es precisamente a principios del siglo IV cuando se acuña el recurso retórico de la libertad de los griegos de Asia como comunidad helénica definida e individualizada, con vistas a su explotación con fines políticos.

3.8 *Tebas-Beocia*

De principio existen dos tesis doctorales que abordan la situación de la confederación en general y de la *pólis* hegemónica en particular durante la guerra de Corinto. La primera, de Margaret L. Cook, *Boeotia in the Corinthian War. Foreign Policy and Domestic Politics*, University of Washington, 1981, se articula en once capítulos en los que se sigue la evolución lineal del conflicto desde sus orígenes en el final de la guerra del Peloponeso hasta la paz del Rey, imbricando en todo momento la historia interna de las facciones tebanas con la coyuntura internacional. La segunda, de José Pascual González, *Tebas y la confederación beocia en el periodo de la guerra de Corinto (395-386 a.C.)*, tesis doctoral microfilmada, Universidad Autónoma de Madrid, 1995, consta de cinco partes, de las cuales las dos primeras se ocupan de la tierra y del ordenamiento constitucional del estado federal beocio, la tercera de las causas de la guerra de Corinto, la cuarta del estallido y la quinta del conflicto en sí (subdividido en fases). Cierra la obra un capítulo de conclusiones y dos apéndices adicionales de cariz cronológico que tratan de establecer tanto la fecha de la guerra elea y, asociada a ella, la ascensión al trono del rey Agesilao II, como la secuencia temporal de los distintos hechos que forman parte de la guerra de Corinto, habida cuenta la vaguedad cronológica que caracteriza a Jenofonte y los errores que comete Diodoro Sículo.

Deudores del trabajo pionero de Paul Cloché, «La politique thébaine de 404 à 396 av. J.-C.», *REG* 31, 1918, 315-343, estos dos mismos autores tienen sendas contribuciones sobre el decisivo papel tebano en el estallido de la guerra de Corinto y su explicación en la política interna tebana desde el final de la guerra del Peloponeso. Tanto Margaret Cook, «Ancient Political Factions: Boiotia 404 to 395», *TAPhA* 118, 1988, 57-85 como José Pascual González, «Beocia y Grecia central y el comienzo de la guerra de Corinto, en J. Zaragoza y A. González Sanmartí (eds.), *Homenatge a Josep Alsina. Actes del Xè Simposi de la Secció Catalana de la SEEC (Tarragona, 28 a 30 de novembre de 1990)*, Tarragona, 1992, 423-426 subrayan por un lado el equilibrio de poder entre la facción filolaconia de Leontíades y la antilaconia de Ismenias (ambos de ideario oligárquico y con parecidos recursos e influencia) y, por otro, la gran inestabilidad de Grecia central, convertida en un polvorín al que sólo faltaba prender la mecha. Quizás lo más novedoso sea la hipótesis de Cook de que un ambicioso Ismenias tenía planes imperialistas muy personales sobre esta área geopolítica, para lo cual no dudó en provocar una guerra con la vecina Fócide.

R.J. Buck, *Boiotia and Boiotian League, 432-371 B.C.*, Edmonton, 1994 comprende la historia de la confederación beocia desde el comienzo de la guerra del Peloponeso hasta la batalla de Leuctra, en la que bajo el liderazgo de Pelópidas y Epaminondas arrebataron a Esparta el papel de *hegemónes* de Grecia. Interesan en particular el capítulo III (págs. 27-41), que examina la década que media entre el final de la guerra del Peloponeso y el comienzo de la de Corinto –en sentido laxo, pues el autor canadiense incluye en ella la génesis y el primer año de la guerra corintia, siguiendo la opinión de Diodoro Sículo, que denominó a estos prolegómenos «guerra beocia»–, caracterizada por el enfriamiento de las relaciones espartanobeocias, y el capítulo IV (págs. 43-59), en el que se aborda propiamente los acontecimientos de la guerra corintia desde la óptica beocia; del capítulo V (esp. págs. 61 ss.) se extraen las dramáticas consecuencias que la paz del Rey dictó para Beocia (la disolución de la confederación en virtud del principio de autonomía de las ciudades) y el subsiguiente golpe de mano del espartano Fébidas al tomar la Cadmea o ciudadela tebana en 382, auspiciado por el todopoderoso rey Agesilao.

Con los mismos parámetros temporales Pierre Salmon, *Étude sur la Conféderation béotienne (447/6-386). Son organisation et son administration*, Bruselas, 1978 aborda, como indica el subtítulo, la organización y el funcionamiento institucional del Estado federal beocio desde su constitución hasta su disolución en aplicación de la paz del Rey. El libro se vertebra en capítulos que analizan las siguientes cuestiones: el censo, las *boulaí* o consejos locales, la *boulé* federal, los once distritos, los beotarcas (magistrados supremos), el ejército federal, justicia y finanzas y, por último, derechos y deberes de las ciudades.

La fuente principal utilizada por Salmon es, lógicamente, el valioso pasaje de las *Helénicas de Oxirrinco* en el que se describe la Constitución federal beocia y su aplicación práctica. Otros recientes trabajos se han centrado igualmente en este punto, como el de Paul Cartledge, «Boiotian Swine F(or)ever? The Boiotian Superstate 395 B.C.», en P. Flensted-Jensen, T.H. Nielsen y L. Rubinstein (eds.), *Polis &Politics. Studies in Ancient Greek History Presented to*

Mogens Herman Hansen on his Sixtieth Birthday (August, 20, 2000), Copenhague, 2000, 397-418, que considera a esta *politeía* una importante innovación política y jurídica en la Grecia de las *póleis*. Hans Beck, «Thebes, the Boiotian League, and the "Rise of Federalism" in Fourth Century Greece», en P. Angeli Bernardini (ed.), *Presenza e funzione della città di Tebe nella cultura greca, Atti del Convegno Internationale (Urbino 7-9 luglio 1997)*, Pisa-Roma, 2000, 331-344 repara en la influencia que Tebas y la confederación beocia —en especial desde su refundación en 379/8— ejercieron sobre las corrientes políticas federalistas de la Grecia del siglo IV, mientras S.C. Bakhuizen, «Thebes and Boeotia in the Fourth Century B.C.», *Phoenix* 48, 1994, 307-330 establece una comparación entre la confederación beocia anterior a la paz del Rey, de carácter oligárquico, y la más democrática emergida en 379, que revista la forma de una *syntéleia*.

A lo largo de cuatro trabajos («La Confederación beocia a principios del siglo IV a.C.: I. La distribución territorial de las *poleis*», *Gerión* 14, 1996, 109-142; «La Confederación beocia a principios del siglo IV a.C.: II. Jerarquización y aspectos económicos del territorio», *Gerión* 15, 1997, 111-132; «La Confederación beocia a principios del siglo IV a.C. a través de los sistemas de información geográfica», en D. Plácido, J. Alvar, J.M. Casillas y C. Fornis (eds.), *Imágenes de la Polis*, Madrid, 1997, 191-214; «Poleis and Confederacy in Boiotia in the Early Fourth Century B.C.», *AncW* 37, 2006, 22-45), José Pascual González hace uso de los métodos de la topografía histórica, la prospección intensiva, la arqueología espacial, la geografía humana y los sistemas de información geográfica en su análisis espacial del estado federal, en el que distingue diferentes tipos de *póleis* y define líneas fronterizas, los patrones de asentamiento y evolución histórica del poblamiento.

Slobodan Dusanic, «Theban Politics and the Socratic Dialogues», *AncW* 36, 2005, 107-122 reincide en su línea de investigación que trata de sacar a la luz los contactos políticos y filosóficos entre ciertos círculos tebanos y atenienses, fundamentalmente a través de los diálogos platónicos. El artículo se estructura en tres partes. La primera explora la naturaleza y condicionantes de la política tebana y beocia en vísperas de la guerra corintia a partir de una afirmación del Sócrates platónico (en el *Critón* y el *Fedón*) sobre la *Eunomía* o «buen gobierno» en Tebas. La segunda rescata de la *Tabla de Cebes* alusiones al medismo tebano antes y después de la guerra corintia. La tercera, a propósito del personaje de Timarco —y de la timarquía que encarna— en el pseudoplatónico *Teages*, se refiere a la situación en Tebas tras la «revolución» democrática de 379.

Por lo demás, el clásico libro de Paul Cloché, *Thèbes de Béotie. Des origines à la conquête romaine*, Namur, 1952, dedica el capítulo sexto (págs. 95-116) al período que va del final de la guerra del Peloponeso en 404 al sometimiento tebano a los lacedemonios en 379.

3.9 *Tesalia*

El norte de Grecia sólo estuvo involucrado en el conflicto de una manera indirecta. El expansionismo de Esparta tras la guerra del Peloponeso alcanzó Tesalia, donde se alía con el tirano Licofrón de Feras, aspirante a *tágos* y enemigo de la dinastía Aleúada de Larisa, ciudad a la que habían derrotado sin paliativos en 404. Una obra interesante a la par que controvertida para estos hechos es el discurso *Perì Politeías*, atribuido a Herodes Ático (s. II d.C.) pero que parece beber en fuentes contemporáneas. Para neutralizar esta presencia lacedemonia más allá de las Termópilas los miembros del sinedrio de Corinto colaboraron militarmente al comienzo de la guerra de Corinto con el también tirano Medio de Larisa. En este sentido puede consultarse: H.D. Westlake, *Thessaly in the Fourth Century B.C.*, Londres, 1935 (hay reimpresión: Gotinga, 1969), esp. 56-66, J.S. Morrison, «Meno of Pharsalus, Polycrates, and Ismenias», *CQ* 36, 1942, 57-78 y M. Sordi, *La lega tessala fino ad Alessandro Magno*, Roma, 1958, esp. 150 ss.

4. Orígenes y causas de la guerra

Si Jenofonte no duda en señalar al Gran Rey, cuyo oro corruptor fue repartido por el rodio Timócrates entre los líderes de las facciones antilaconias de los principales estados griegos para subvencionar la oposición a Esparta, como el principal responsable del estallido de la guerra de Corinto, el historiador Oxirrinco deja bien claro que este dinero no habría surtido el mismo efecto sin la existencia de un caldo de cultivo previo hostil a la arbitraria y asfixiante hegemonía espartana sobre la Hélade. Sobre esta precisa diferenciación en las causas, ejemplo de una autopsia heredera de Tucídides, véase ahora C. Fornis, «Problemas y discrepancias en las fuentes: la génesis de la guerra de Corinto» en D. Plácido, F. Moreno Arrastio y L. Ruiz Cabrero (eds.) *Necedad, sabiduría y verdad: el legado de Juan Cascajero, Gerión* Extra, Madrid, 2007, 217-232. En este sentido, J.E. Lendon, «The Oxyrhynchus Historian and the Origins of the Corinthian War», *Historia* 38, 1989, 300-313 respalda el juicio del Oxirrinquio y asocia estrechamente la lucha faccional en el seno de la sociedad tebana con la evolución interna de la política espartana, donde la subida al trono de Agesilao hacia el año 398 significó el triunfo de la vía imperialista encabezada por Lisandro y el propio rey frente a los «pacifistas» del otro diarca, Pausanias. De hecho los cincuenta talentos portados por Timócrates son más que nada una cantidad simbólica, insuficiente a todas luces para lo que se preveía una larga y dura contienda, pues apenas podían costear un mes de guerra en opinión de M.L. Cook, «Timokrates' 50 Talents and the Cost of Ancient Warfare», *Eranos* 88, 1990, 69-97, quien considera en cambio que entregados a los *prostátai* de las facciones antilaconias de diversas ciudades como regalo personal podían obtener resultados mucho más satisfactorios. Frente a Lendon y tras realizar un estado de la cuestión sobre los problemas de los distintos relatos, R.J. Buck, «The Outbreak of the Boiotian War», en J.M. Fossey y J. Morin (eds.), *Boeotia Antiqua III. Papers in Boiotian History, Institutions and Epigraphy in Memory of Paul Roesch*, Amsterdam, 1993, 91-99 se decanta por el de Jenofonte, más creíble en su opinión que el usualmente bien informado historiador de Oxirrinco, e incluso afirma que las narraciones de éste y de Pausanias deberían ser desechadas.

El momento en que tiene lugar el viaje del emisario rodio también ha sido ampliamente debatido por los estudiosos, ya que es sabido que Jenofonte y el anónimo de Oxirrinco discrepan en este punto. Si para el primero fue enviado por el sátrapa de Lidia Titraustes (por lo tanto no antes de que se iniciara el conflicto, en lo que se contradice a sí mismo, pues achaca al oro persa la formación del frente antiespartano), el segundo le atribuye la acción a Farnabazo, sátrapa de Frigia Helespóntica, y más coherentemente en vísperas de la guerra. Buena parte de la crítica moderna acepta la versión del Oxirrinquio, aunque como éste no fecha la llegada del legado persa a suelo griego, se han defendido con diversos argumentos los años 397, 396, inicios de 395 e incluso la posibilidad de más de un viaje (así T. Lenschau, «Die Sendung des Timokrates und der Ausbrug des korintischen Krieges», *PhW* 53, 1933, 1325-1328 y después de él Barbieri, Bruce, Hamilton, Bonamente [éste incluso llega a pensar en tres viajes] en sus respectivos trabajos, que citamos en otros enunciados). Recientemente Edouard Rung, «Xenophon, the Oxyrhynchus Historian and the Mission of Timocrates to Greece», en C. Tuplin (ed.), *Xenophon and his World*, *Historia* Suplemento 172, Stuttgart, 2004, 413-425 ha reivindicado la validez del relato de Jenofonte, lo cual le obliga a unos ajustes cronológicos: Titraustes habría emprendido viaje para tomar posesión en su sede de Sardes antes de la derrota de Tisafernes, con lo cual ya habría llegado a comienzos del verano y sería él el responsable del envío de Timócrates a Grecia a comienzos del verano de 395 (el historiador de Oxirrinco no yerra del todo porque la idea habría partido de Conón y Farnabazo, pero éstos estaban subordinados a Titraustes, que ejercía a la vez de *káranos* o general de los ejércitos reales en Asia Menor).

Tradicionalmente se reconoce que la bien atestiguada injerencia espartana en el norte continental (específicamente Anthony Andrewes, «Two Notes on Lysander», *Phoenix* 25, 1971, 217-226, esp. 217-226) y sobre todo en Asia Menor, donde Agesilao organizó una magna expedición revestida de propaganda panhelénica (particularmente Saul Perlman, «The Causes and the Outbreak of the Corinthian War», *CQ* 14, 1964, 64-81, que minimiza al mismo tiempo la lucha faccional y la interferencia espartana en los asuntos internos de las ciudades griegas del continente), encrespó los ánimos y al mismo tiempo llevó a la opinión pública griega el temor de que una Esparta cada vez más poderosa aferraría su yugo sobre Grecia. A ello Simon Hornblower, «Sicily and the Origins of the Corinthian War», *Historia* 41, 1992, 121-123, tomando como base un pasaje del *De pace* de Isócrates, añade la peor documentada intervención espartana en Sicilia. Esta última, además de las intromisiones de Esparta en el Peloponeso y el golfo de Corinto, que afectaban a los intereses de un estado corintio en grave crisis económica tras la guerra del Peloponeso, habrían llevado a esta *pólis*, en opinión de José Pascual González, «Corinto y las causas de la guerra de Corinto», *Polis* 7, 1995, 188-217, a romper su tradicional alianza con Esparta pasar a combatirla; según este autor, esta decisión habría sido impulsada por una facción antiespartana que habría crecido conforme el imperialismo espartano exacerbaba las tensiones sociales en el seno del estado corintio. En otra línea de argumentación, Donald Kagan, «The Economic Origins of the Corinthian War», *PP* 80, 1961, 321-341 ha hecho hincapié en que las subvenciones financieras persas eran vitales para unos estados arruinados económicamente tras la guerra del Peloponeso, incapaces por sí solos de involucrarse en una magna conflagración contra Esparta.

Aunque las divergencias entre Jenofonte y el historiador de Oxirrinco subsisten a la hora de explicar convenientemente la cadena de acontecimientos que desembocó en la guerra de Corinto, los dos coinciden en señalar a la facción antilaconia tebana encabezada por Andróclidas e Ismenias (el de Oxirrinco añade un tercer *prostátes*, Antiteo) como la instigadora y por ello responsable última de la apertura de hostilidad al aprovechar un secular conflicto fronterizo entre focidios y locros (no sabemos con seguridad si ozolas u opuntios) por una franja de tierra para pasto. Sobre este fondo, Margaret L. Cook, «Ismenias' Goals in the Corinthian War», en A. Schachter (ed.), *Essays in the Topography, History and Culture of Boeotia, Teiresias* Suplemento 3, Montreal, 1990, 57-63 alimenta la tesis de que fue la ambición tebana (y por extensión beocia) por expandirse por Grecia central la causa principal del estallido de la guerra de Corinto; bajo esta luz la autora analiza la política de Ismenias, encaminada primero a establecer una red de alianzas en esta área geopolítica y, una vez iniciado el conflicto, proseguir mediante acciones militares.

En la primera parte de su artículo G.J. Szemler, «Two Notes on the Corinthian War», *AncW* 27, 1996, 95-104 postula la identificación del fértil valle de Vinianni, al norte de Anfisa, con el área fronteriza en torno al monte Parnaso cuyo control se disputaban focidios y locros ozolas, confirmando de paso que eran estos locros occidentales (tal y como asegura el historiador de Oxirrinco y Pausanias), y no los locros opuntios u orientales (como dice Jenofonte) los que protagonizan el conflicto fronterizo que desencadenará la guerra de Corinto. Por el contrario, observaciones personales como las de Szemler y su confianza en el relato de Jenofonte han llevado a John Buckler, «The Incident at Mount Parnassus, 395 B.C.», en C. Tuplin (ed.), *Xenophon and his World*, *Historia* Suplemento 172, Stuttgart, 2004, 397-411 al convencimiento de que la región en disputa se encuentra en la Lócride occidental, entre la ciudad locra de Opunte y las ciudades focidias de Yámpolis y Abas, concretamente en un valle desprovisto de obstáculos naturales o características geográficas significativas que puedan servir como frontera y que conduce al santuario de Apolo y Artemis en Kalapodi.

En la otra mitad del trabajo, Szemler recupera una vieja nota de M. Cary («Heracleia Trachinia», *CQ* 16, 1922, 98-99) e incorpora argumentos topográficos para sostener que desde su fundación en 426 la colonia espartana de Heraclea en Tráquide cumplía la función clave de proteger el acceso a Grecia central desde el oeste continental, y así fue también durante la guerra corintia (de ahí la lucha por su control entre tebanos y lacedemonios), siendo un paso de naturaleza más estratégica que el tradicionalmente reconocido de las Termópilas (este factor será así mismo destacado por Caroline Falkner, «Sparta's Colony at Herakleia Trachinia and Spartan Strategy in 426», *EMC/CV* 18, 1999, 45-58, que se circunscribe a la guerra arquidámica).

K.L. McKay, «The Oxyrhynchus Historian and the Outbreak of the 'Corinthian War'», *CR* 3, 1953, 6-7 señala la aparente inconsistencia del anónimo de Oxirrinco en cuanto a lo extraño de que los tebanos pudieran convencer a unos tradicionalmente hostiles focidios para que ejecutaran un plan que conduciría a la invasión y pillaje de su estado por los beocios.

Por su parte I.A.F. Bruce, «Internal Politics and the Outbreak of the Corinthian War», *Emerita* 28, 1960, 75-86 rechaza la veracidad de todo el episodio de la inducción tebana a los locros para penetrar y depredar en el territorio en disputa, que dio lugar a la previsible respuesta focidia de invasión en armas de Lócride, por su supuesta procedencia de una fuente tebana filolaconia, inclinándose más bien por una escalada fortuita, accidental, de los acontecimientos.

Ahora bien, otros hechos más lejanos en el tiempo tuvieron también una influencia en el aumento de la tensión que condujo a la apertura de las hostilidades. Uno de los primeros fue la negativa de Esparta a compartir con sus aliados el botín de guerra producido por la guerra del Peloponeso cuando sí habían compartido en cambio los gravosos costes del conflicto, una decisión que según José Pascual González, «El botín de la guerra del Peloponeso y el descontento de los aliados», en F.J. Presedo, P. Guinea, J.M. Cortés y R. Urías (eds.), *Χαîρε. Actas II Reunión de Historiadores del Mundo Griego Antiguo. Homenaje al Profesor Fernando Gascó*, Sevilla, 1997, 203-211 violaba la estricta práctica y reglamentación del derecho consuetudinario helénico.

Mayor desasosiego provocó el interés más o menos continuado de Esparta por Asia Menor desde el umbral del siglo IV, al que ya nos hemos referido más arriba. En este sentido, L. Pareti, «Le imprese di Tibrone in Asia nel 400-399 e nel 391 av. Cr.», en *Entaphia. In memoria di E. Pozzi*, Turín, 1913, 48-67 (= *Studi minori di storia antica, II: Storia greca*, Roma, 1961, 259-277) confronta paso a paso los relatos de Jenofonte y Diodoro acerca de las campañas del harmosta espartano Tibrón en Asia Menor a principios y finales de la década de 390 con el fin de refutar la por entonces muy autorizada opinión de E. Meyer en cuanto a que Diodoro se inventó el episodio (expuesta en el volumen V de su *Geschichte des Altertums*) o bien la primera campaña de 400/399 es una reduplicación de la de 391 (como escribe en su *Theopomps Hellenika*). Sobre el mismo tema, H.D. Westlake, «Spartan Intervention in Asia, 400-397 B.C.», *Historia* 35, 1986, 405-426 (reimpreso en *Studies in Thucydides and Greek History*, Bristol, 1989, 239-259) se ocupa de la primera expedición de Tibrón y de la sucesiva de Dercílidas en los albores del siglo IV, ambas enviadas con el pretexto de defender a los griegos asiáticos del *káranos* persa Tisafernes; su relativa parquedad de resultados, sobre todo en comparación con la grandilocuente «cruzada» de Agesilao de 396, es atribuida por Westlake a las disensiones internas entre los heterogéneos grupos políticos activos en Esparta en ese momento previo al dominio que el rey Agesilao ejercerá en el futuro en la política interior y exterior lacedemonia. Las mismas operaciones militares de estos harmostas, más la expedición de Agesilao, han sido recientemente revisadas por D.P. Orsi, «Sparta e la Persia: la guerra in Asia, 400-394 a.C.», *Incidenza dell'Antico* 2, 2004, 41-58, que también contrapone los relatos de Jenofonte y Diodoro en su búsqueda de las razones y objetivos de la estrategia espartana en Asia Menor.

La llegada de Agesilao a Asia Menor en 396 supone una intensificación de la política «asiática» de Esparta, que dota a esta expedición de mayores recursos humanos y de una propaganda panhelénica destinada a ganar el favor de los griegos. Sobre estas campañas de Agesilao en las satrapías de Lidia y Frigia Helespóntica a lo largo de dos años (396-394) han tratado el citado trabajo de Bonamente sobre las *Helénicas de Oxirrinco* (*vid. supra*) en sus páginas 139-169, C. Dugas, «La campagne d'Agésilas en Asie Mineure (395)», *BCH* 34, 1910, 58-95 y R. Seager, «Agesilaus in Asia: Propaganda and Objetives», *LCM* 2, 1977, 183-184 (contestado por D.H. Kelly, «Agesilaus' Strategy in Asia Minor, 396-395 B.C.», *LCM* 3, 1978, 97-98), mientras F. Cornelius, «Die Schlacht bei Sardes», *Klio* 26, 1933, 29-31, D. Nellen, «Zur Darstellung der Schlacht bei Sardes in den Quellen», *AncSoc* 3, 1972, 45-54, J.K. Anderson, «The Battle of Sardis in 395 B.C.», *CSCA* 7, 1974, 27-53, V.J. Gray, «Two Different Approaches to the Battle of Sardis in 395 B.C.», *CSCA* 12, 1979, 706-710, J.G. DeVoto, «Agesilaos and Tissaphernes near Sardis in 395 B.C.», *Hermes* 116, 1988, 41-53 y G. Wylie, «Agesilaus and the Battle of Sardis», *Klio* 74, 1992, 118-130 reconstruyen, a partir de las tradiciones divergentes de Jenofonte y el anónimo de Oxirrinco, la decisiva batalla librada en el río Pactolo, en las proximidades de Sardes, en el verano de 395, que puso en manos del rey espartano un enorme botín y tuvo como consecuencia inmediata la ejecución de Tisafernes por orden del Gran Rey.

En el Peloponeso Esparta aprovecha la fortaleza política y militar con que emerge de la guerra contra Atenas para disciplinar a los aliados que habían mostrado reluctancia hacia su liderazgo o habían hecho defección de la liga peloponésica. Es el caso de la democrática Élide, que había rechazado la paz de Nicias y abandonado la coalición espartana para pasar a formar parte de la cuádruple alianza con Atenas en 420, expulsando de paso a los mismísimos espartanos de los juegos olímpicos celebrados ese año (la bibliografía sobre este episodio está recogida en D. Plácido, C. Fornis y J.M. Casillas, *La guerra del Peloponeso*, Anejo 3 de *Tempus*, 1998, 47 y C. Fornis, «La guerra del Peloponeso: *addenda*», *Tempus* 27, 2001, 15-16, a la habría que añadir S. Hornblower, «Thucydides, Xenophon, and Lichas: Were the Spartans Excluded from the Olympic Games from 420 to 400 B.C.?», *Phoenix* 54, 2000, 212-225). No obstante, hay autores que van más allá y piensan que los dirigentes espartanos no sólo pretendían satisfacer un ansia de venganza por tales afrentas, sino que ocultaban propósitos de controlar la costa noroccidental del Peloponeso y el acceso al Adriático y al Oeste (C. Falkner, «Sparta and the Elean War, ca. 401/400 B.C.: Revenge or Imperialism?», *Phoenix* 50 1996, 17-25; J. Roy, «Spartan Aims in the Spartan-Elean War of c. 400: Further Thoughts», *Electronic Antiquity* 3 (6), 1997, sin paginación). Al final Esparta encontrará en la autonomía de las comunidades periecas eleas la excusa perfecta para forzar una contienda en franca desigualdad. La cronología de la guerra, difícil de precisar más allá de que su comienzo se sitúa entre 402 y 399, constituye un serio obstáculo para los estudiosos modernos (puede verse una discusión general en R.K. Unz, «The Chronology of the Elean War», *GRBS* 27, 1986, 29-42, quien se inclina por el año 401). También sobre la contienda elea: G. Schepens, «La guerra di Sparta contro Elide», en E. Lanzillotta (a.c.), *Ricerche di Antichità e Tradizione Classica*, Roma, 2004, 1-76; C. Ruggeri, *Gli stati intorno a Olimpia. Storia e costituzione dell'Elide e degli stati formati dai perieci elei (400-362 a.C.)*, Stuttgart, 2004, que se centra en las consecuencias de orden político y económico.

Tras dos o tres años de devastaciones en su fértil *chóra*, la rendición elea significó la renuncia a la región fronteriza de la Trifilia y a las demás ciudades periecas que les disputaban los arcadios, la entrega de las naves, el desmantelamiento de los muros de la ciudad y los de sus puertos de Fea y Cilene y, por último, el compromiso de participar en lo sucesivo en todas las expediciones organizadas y dirigidas por Esparta. No obstante, los eleos mantuvieron su ordenamiento democrático y la *prostasía* y administración de un santuario de Zeus en Olimpia cada vez más «politizado» (M. Sordi, «Le implicazione olimpiche della guerra d'Elide», en E. Lanzillota [a.c.], *Problemi di storia e cultura spartana*, Roma, 1984, 145-159).

Tampoco puede pasarse por alto, en el otoño de 397 o ya en la primavera de 396, la defección de Rodas, principal base naval de los lacedemonios, gracias a Conón. No mucho después, a comienzos del verano de 395, la isla vivió una *stásis* que culminó con la caída de la oligarquía de los Diagóridas y la instauración de un ordenamiento de tipo democrático, de nuevo con la connivencia de Conón. Con estos hechos como telón de fondo, I.A.F. Bruce, «The Democratic Revolution at Rhodes», *CQ* 11, 1961, 166-170 abrió camino destacando la importancia de los nuevos fragmentos de las *Helénicas de Oxirrinco* para detallar y dar sentido al escueto relato ofrecido por Diodoro y precisando el desarrollo en dos fases no conectadas directamente entre sí (primero evacuación de la flota peloponésica con la participación de los Diagóridas gobernantes, segundo revuelta democrática contra éstos). P. Funke, «Stasis und politischer Umsturz in Rhodos zu Beginn des IV. Jahrhunderts v. Chr.», en W. Eck, H. Galsterer y H. Wolff (eds.), *Studien zur antiken Sozialgeschichte: Festschrift Friedrich Vittinghoff*, Colonia, 1980, 59-70 pretende demostrar que la *stásis* rodia responde a condicionamientos exclusivamente internos –de los que se aprovecharía Conón– y no a la presión externa de las potencias hegemónicas, de tal modo que por ejemplo la decisión de expulsar a la flota peloponésica y pasar bajo tutela persa sería adoptada libremente por los oligarcas (el historiador germano se reafirmaría en esta tesis en «Nochmals zu den Wechselfällen rhodischer Politik zu Beginn des 4. Jahrhunderts v. Chr.», *Hermes* 112, 1984, 115-119); *a contrario*, para E. Ruschenbusch, «Stasis und politischer Umsturz in Rhodos», *Hermes* 110, 1982, 495-498 y H.D. Westlake, «Conon and Rhodes. The Troubled Aftermath of Synoecism», *GRBS* 24, 1983, 333-344 el conflicto civil no se entiende sin la injerencia de los poderes extranjeros –que dirimían la posesión de una estratégica base naval en el Egeo– y en este sentido a los Diagóridas, tradicionales colaboradores de los espartanos, no les quedó otra alternativa, si querían retener el poder, que ceder ante la creciente pujanza de Conón en el mar y cambiar de bando (luego el almirante ateniense al servicio del persa, que no se fiaría de los oligarcas, ejercería el papel de instigador del golpe que los derrocó para traer la democracia a la isla).

En Atenas el incidente protagonizado por Deméneto, que se apoderó de un trirreme del Estado y navegó para unirse a la flota persa de Conón, puso de manifiesto que ciertos sectores de la sociedad ateniense intentaban provocar la ruptura con Esparta. Hasta entonces Atenas había respetado escrupulosamente sus obligaciones de tratado. Con todo, Trasíbulo de Estiria supo calmar los ánimos de un *dêmos* deseoso de recuperar el imperio perdido, por lo menos hasta que un año después se presentó la oportunidad de concertar un tratado de alianza con la confederación beocia. I.A.F. Bruce, «Athenian Foreign Policy in 396-395 B.C.», *CJ* 58, 1963, 289-295 defiende, a partir del episodio de Deméneto, que no existió una facción política filolaconia en Atenas en vísperas de la guerra de Corinto, sino que el filolaconismo había desaparecido muy rápidamente tras la caída de los Treinta. Tampoco G. De Sensi Sestito, «Correnti, leaders e política estera in Atene (400-395)», *SicGimn* 32, 1979, 1-42 cree, en contra de la opinión de no pocos estudiosos, que la política exterior ateniense en estos años fuera la de una aliada fiel de Esparta.

La injerencia lacedemonia en todos estos escenarios geográficos y políticos es ampliamente interpretada en nuestro artículo «Las causas de la guerra de Corinto: un análisis tucidídeo» *Gerión* 25, 2007, en prensa.

5. La guerra continental

La guerra de Corinto comenzó siendo un *Boiotikòs pólemos* al proyectar y ejecutar los lacedemonios unos planes para invadir el territorio beocio por dos frentes opuestos, Lisandro desde el noroeste y el rey Pausanias desde el sur. De resultas de estos movimientos se produjo un enfrentamiento en Haliarto, donde inesperadamente los tebanos derrotaron al contingente de Lisandro, que cayó muerto a los pies de los muros de la ciudad. Frente a una mayoría de historiadores modernos que se ha guiado por el relato de Jenofonte, H.D. Westlake, «The Sources for the Spartan Debacle at Haliartus», *Phoenix* 39, 1985, 119-133 (reimpreso en *Studies in Thucydides and Greek History*, Bristol, 1989, 274-288) reivindica la validez de las cuatro fuentes existentes sobre esta batalla (Jenofonte, Diodoro, Plutarco y Pausanias), que considera derivan de tradiciones distintas y se complementan entre sí para explicar convenientemente los hechos.

En su monografía, ya clásica, sobre el ejército espartano, John F. Lazenby, *The Spartan Army*, Warminster, 1985 dedica un capítulo a las principales batallas entabladas en el curso de la guerra de Corinto, muy especialmente los enfrentamientos hoplíticos de Nemea y Coronea (verano de 394), que son descritos con minuciosidad y acompañados de comentarios acerca de la topografía, la estrategia o la logística de los contendientes, además de fotografías de los lugares y gráficos que ilustran las tácticas desplegadas. El polemólogo británico también se ocupa de la completa destrucción de una *móra* o batallón lacedemonio por parte de Ifícrates y sus peltastas en el istmo de Corinto en el verano de 390, un hecho que elevó al jefe militar ateniense a la categoría de héroe nacional. Por lo demás, toda la primera mitad del libro de Lazenby estudia el ejército espartano de época clásica (equipamiento, unidades tácticas, composición étnica, jerarquía de mandos, movimientos estratégicos, etc.) basándose fundamentalmente en los testimonios de Tucídides y Jenofonte.

Similares coordenadas vertebran el libro de J.K. Anderson, *Military Theory and Practice in the Age of Xenophon*, Berkeley-Los Ángeles, 1970, que toma la amplia y variada obra de Jenofonte como guía para su estudio sobre la guerra a finales del siglo V y comienzos del IV: cadena de mando, suministros, organización de campamentos, entrenamiento táctico y de armas, hoplitas y otros tipos de soldados, etc., e incluye un amplio apéndice con la organización del ejército espartano en época clásica. Recrea además las batallas y enfrentamientos más conspicuos de este período hasta la segunda batalla de Mantinea en 362, correspondiendo al capítulo VIII (págs. 141-164) los hechos de armas de la guerra de Corinto.

El desarrollo de los choques de Nemea y Coronea, aquí en estrecha relación con el escenario natural en que acontecieron (incluyendo propuestas de identificación de los lugares mismos), encuentra sitio en las páginas 77-95 del tomo II de *Studies in Ancient Greek Topography*, de W.K. Pritchett, consagrado a los campos de batalla (Berkeley-Los Ángeles, 1969). Son constantes las referencias a éstas y otras batallas de la guerra de Corinto en las obras clásicas sobre la *hoplomachía*: V.D. Hanson, *The Western Way of War. Infantry Battle in Classical Greece*, Nueva York, 1989; Id (ed.), *Hoplites. The Classical Greek Battle Experience*, Londres, 1991, así como en el extenso artículo de J.F. Lazenby «Hoplite Warfare», en J. Hackett (ed.), *Warfare in the Ancient World*, Nueva York-Oxford-Sydney, 1989, 54-81, a las que podemos añadir otros trabajos que abordan la guerra en el mundo griego clásico, como P. Ducrey, *Guerre et guerriers dans la Grèce antique*, Friburgo (Suiza), 1985 (hay reimpresión con estado de la cuestión bibliográfica: París, 1999) o el reciente volumen de ensayos coordinado por F. Prost, *Armées et sociétés de la Grèce classique. Aspects sociaux et politiques de la guerre aux Ve et IVe s. av. J.-C.*, París, 1999. Otro tanto puede decirse de una obra esencial sobre el origen, evolución y difusión del armamento griego y en buena medida del hoplítico: A.M. Snodgrass, *Arms and Armor of the Greeks*, Londres, 1967 (hay reimpresión con *afterword* bibliográfico: Baltimore-

Londres, 1999), así como del controvertido trabajo de Hans van Wees, *greek Warfare. Myths und Realities*, Londres 2004. Como muestra el artículo de Eric Popowicz, «La Guerra Total en la Grecia clásica (431-338)», *Polis* 7, 1995, 219-245, en el siglo IV culmina el proceso iniciado en la guerra del Peloponeso, que cambió la forma de entender y desarrollar la guerra desde una «guerra agonística» a una «guerra total» en la que se busca aplastar por completo al enemigo, objetivo en beneficio del cual se incrementa el empleo de mercenarios, las campañas dejan de ser tan estacionales para prolongarse a lo largo de todo el año, adquieren mayor importancia las tropas ligeras, la caballería, la poliorcética, los ataques sorpresivos...

Un atento examen y reconstrucción de las grandes batallas de Nemea y Coronea, modélicas en cuanto a ilustración de lo que era y significaba un enfrentamiento hoplítico, puede encontrarse ahora en nuestro artículo «Μάχῃ κρατεῖν en la guerra de Corinto: las batallas hoplíticas de Nemea y Coronea (394 a.C.)», *Gladius* 23, 2003, 141-159. Sobre Coronea J. Buckler, «The Battle of Koroneia and its Historiographical Legacy», en J. Fossey (ed.), *Boeotia Antiqua VI. Proceedings of the 8th International Conference on Boeotian Antiquities*, Amsterdam, 1996, 59-72 inquiere en la identificación del campo de batalla, en el desarrollo de la misma y enso proyección historiográfica, que en su opinión ha presentado como victoria espartana lo que fue clara derrota (militar).

Capítulo aparte merece el conjunto de cinco estudios que conforman *The Greek State at War*, de W.K. Pritchett, Berkeley-Los Ángeles, Londres, 1971-1991, que constituyen ante todo una extraordinaria labor de recopilación e interpretación de las fuentes sobre la guerra en Grecia en sus más diversos aspectos. Así, el volumen I, que se publicó bajo el título *Ancient Greek Military Practices* (1971), encierra temas como la adquisición, reparto y subsecuente dedicación del diezmo del botín, la paga militar, el aprovisionamiento, el sacrificio antes de la batalla, la profundidad de la falange, el canto del peán o el papel de los exploradores. El segundo volumen (1974) se ocupa de los juicios de los generales, sus beneficios y sus relaciones con el Estado, los llamados *condottieri* del siglo IV, Ifícrates y sus peltastas corintios, emboscadas y ataques sorpresivos, entrenamiento y disciplina militar, los trofeos en el campo de batalla, la *aristeía* en el combate, los campamentos fortificados, las alas de las falanges y flotas aliadas. El tercer tomo (1979) está dedicado a la religión, ámbito dentro del cual desarrolla la mántica militar, fiestas, calendario y oráculos bélicos, captura y dedicación de armas y el uso de la religión para la disciplina. El quinto y último volumen (1911) se articula en dos partes: la primera se consagra a los honderos y lanzadores de piedras en sus diferentes modalidades, la segunda al botín (vocabulario, objetos, destino de los cautivos, reparto y venta, piratería, beneficios de la guerra).

La narrativa militar de Jenofonte es escrutada en el extenso artículo de Christopher Tuplin, «Military Engagements in Xenophon's *Hellenica*», en I. S. Moxon, J.D. Smart y A.J. Woodman (eds.), *Past Perspective. Studies in Greek and Roman Historical Writing*, Cambridge, 1986, 37-66, cuya finalidad es de una parte pergeñar series estadísticas a partir de las 153 acciones militares registradas por el historiador ateniense (proporción de los distintos tipos de combate, forma de enfocarlos, credibilidad del relato, comparación con otras fuentes, etc.) y, de otra, comentar ciertos problemas planteados por los llamados «enfrentamientos mayores», entre los que se incluyen los de Haliarto, Nemea, Coronea y Cnido. La conclusión del estudio de Tuplin es que en la gran mayoría de los casos el crédito de Jenofonte no es seriamente cuestionable y pocas veces se hace preferible reemplazarlo (cosa distinta es complementarlo) por otra(s) fuente(s).

No podemos dejar de mencionar dos monografías que estudian el papel militar y político de los estrategos en época clásica. El primero es W. Lengauer, *Greek Commanders in the 5th and 4th Centuries B.C. Politics and Ideology: A Study of Militarism*, Varsovia, 1979, quien en su capítulo III distingue en la primera mitad del siglo IV dos tipos de jefes militares: el comandante de mercenarios, que disfruta de la lealtad de sus hombres y que puede llegar a utilizar su poder al margen de las estructuras de la polis (los ya citados *condottieri*), casos de

Ifícrates, Cabrias, Cares o Clearco, y por otra parte el monarca militar conductor de tropas ciudadanas y ejemplo de líder *philópolis*, como por ejemplo Agesilao o Jasón de Feras. El autor polaco indaga asimismo en la concepción misma de Jenofonte sobre las cualidades y virtudes que debían adornar a un comandante militar. La segunda obra, que se circunscribe a Atenas, está firmada por Debrah Hamel, *Athenian Generals. Military Authority in the Classical Period*, *Mnemosyne* Suplemento 182, Leiden, 1988, quien tiene como tesis central que los *strategoí* atenienses no tenían demasiada libertad de acción, tal y como se tiende a pensar, sino que seguían las instrucciones del *dêmos* y constituía un gran riesgo apartarse de las mismas. En la primera parte del libro la autora norteamericana trata la participación de los generales en la leva del ejército y en la preparación de la campaña, en la segunda aborda las relaciones del jefe militar con sus tropas y oficiales, en la tercera las relaciones con polemarcos, otros generales y *hegemónes* de estados aliados y en la cuarta las relaciones con la *Ekklesía* y los medios de control que ésta tenía sobre ellos.

Recientemente, en un amplio artículo que descansa en buena medida en el análisis de cuatro grandes batallas hoplíticas (Platea, Mantinea, Nemea y Leuctra), Sergio Valzania, «L'esercito spartano nel periodo dell'egemonia: dimensioni e compiti statregici», *QS* 43, 1996, 19-72 concibe el ejército lacedemonio más como instrumento disuasorio que ofensivo, integrado por un escaso núcleo de espartiatas –que nunca superó los dos millares–, fundamentado en una imagen de invencibilidad y que entra en liza únicamente cuando fracasa la diplomacia y el engaño; sólo el belicismo y la ambición de personajes como Lisandro o Agesilao, con sus constantes y lejanas campañas, rompieron esta dinámica y allanaron el camino para la derrota de Leuctra y la apertura del Peloponeso al enemigo. El mismo Sergio Valzania es autor de la pequeña monografía *Brodo nero. Sparta pacifica, il suo esercito, le sue guerre*, Roma, 1999, sustentada sobre la misma tesis.

El viejo artículo de E. Cavaignac, «A propos de la bataille du torrent de Némée», *REA* 27, 1925, 273-278 modifica tanto el número como el orden de las tropas de la alianza espartana que da Jenofonte para la batalla de Nemea, pero el historiador francés parte de una premisa errónea, la imposibilidad de que hubiera seis mil hoplitas espartiatas. Se trata, como dice Jenofonte, de «hoplitas lacedemonios», de los que según la práctica habitual al menos la mitad serían periecos y luego muy posiblemente hubo entre ellos también un número indeterminado de neodamodes (aunque tres mil habían partido para Asia con Agesilao, otros debieron permanecer en Esparta).

En cuanto al artículo de James Roy, «Tegeans at the Battle near the River Nemea in 394 B.C.», *PP* 26, 1971, 439-441, también se inscribe en el debate acerca de la disparidad de números aportados por Jenofonte y Diodoro para ambos ejércitos, en concreto sobre la posibilidad de que el historiador ateniense haya «olvidado» a los tegeatas, mantineos y aqueos –que sin embargo aparecen más adelante en el relato de la batalla–, la suma de cuyos contingentes se ha calculado en unos nueve mil hoplitas, que con la adición de los trece mil quinientos que sí son mencionados arrojarían una cifra cercana a los veintitrés mil del Sículo. Puestos a hablar de cifras, P. Krentz, «Casualties in Hoplite Battles», *GRBS* 26, 1985, 13-20 realiza un estudio estadístico de la proporción de bajas en las batallas hoplíticas en el período clásico a partir de los datos aportados por Heródoto, Tucídides y Jenofonte; entre sus resultados figura que las bajas en Coronea fueron llamativamente bajas en relación con las fuerzas participantes, posiblemente porque tanto los lacedemonios en un bando como los beocios en otro rompieron las líneas enemigas (de argivos y orcomenios, respectivamente) sin apenas resistencia y sólo al final el duelo entre lacedemonios y beocios fue más sangriento.

Uno de los episodios bélicos más célebres de la guerra de Corinto, y por extensión de todo el siglo IV, fue la ya mencionada aniquilación de una *móra* lacedemonia por parte de Ifícrates y sus peltastas mercenarios. Éste y otros éxitos del estratego ateniense en el Istmo, en Arcadia y en el Helesponto justifican la afirmación de que este conflicto fue escenario de una renovación de las tácticas de ataque de la hasta entonces denostada infantería ligera, en particular los peltastas, que en combinación con la falange hoplítica pueden llegar a convertirse en ciertas situaciones en un instrumento mortífero. Sobre estas cuestiones puede verse César Fornis, «Τὸ ξενικὸν ἐνΚορίνθῳ: Ifícrates y la revolución subhoplítica», *Habis* 35, 2004, 71-86.

Tomando en consideración el período que va desde los preámbulos de la guerra del Peloponeso hasta mediados del siglo IV, el libro de J.P.G. Best, *Thracian Peltasts and their Influence on Greek Warfare*, Groninga, 1969, esp. 85-97, concluye que, con ser importante, la aportación de Ifícrates y posteriormente de Cabrias no hizo sino impulsar un proceso iniciado tiempo atrás, un proceso en el que campañas como las del ateniense Demóstenes y el espartano Brasidas en la guerra arquidámica o las de los espartanos Dercílidas y Agesilao en Asia Menor constituyen claros precedentes del auge alcanzado por los peltastas con los dos estrategos atenienses. Sin embargo, niega que Ifícrates hubiera introducido reformas en el equipamiento y las armas del peltasta, como describe un conocido pasaje de Diodoro referido al contexto en que el ateniense mandaba mercenarios griegos al servicio del rey persa durante la revuelta egipcia, y más en concreto al año 374.

El estudio de Best tiene una deuda evidente con el trabajo previo de H.W. Parke, *Greek Mercenary Soldiers. From the Earliest Times to the Battle of Ipsus*, Oxford, 1933, quien ya subrayaba este papel esencial desempeñado por estas tropas subhoplíticas a lo largo del siglo IV (especialmente págs. 43-62 para la guerra de Corinto), aunque difiere de Best al defender que Ifícrates sí llegó a realizar esas reformas, no en 374, sino a lo largo de su carrera militar.

En esta pequeña polémica tercia G.T. Griffith, «Peltasts, and the Origins of the Macedonian Phalanx», en H.J. Dell (ed.), *Ancient Macedonian Studies in Honor of Charles F. Edson*, Tesalónica, 1981, 161-167 dejándose seducir por los argumentos de Best en cuanto a que en realidad no emergió un «nuevo peltasta» armado con lanza larga y no con jabalina, si bien al mismo tiempo parece reconocer que en efecto Ifícrates introdujo algunas mejoras. En cualquier caso el objetivo general de su artículo radica en negar la hipotética relación que había sido sugerida entre el peltasta ificrático y el falangita macedonio de Filipo II (sobre todo por la semejanza entre la lanza larga supuestamente adoptada por el peltasta y la sarisa empleada por la falange macedonia).

Pero la obra de Parke, como la de B. Müller, *Beiträge zur Geschichte des griechischen Söldnerwesens bis auf die Schlacht von Chaeronea*, Frankfurt, 1908, esp. 107 ss., se ocupa de este cuerpo especializado a las órdenes de Ifícrates por su condición de mercenarios, sustentado no con fondos atenienses –lo cual hubiera sido imposible dada la situación del erario público de Atenas desde el final de la guerra del Peloponeso–, sino persas. Su profesionalidad y su *esprit de corps* fueron factores decisivos en la progresiva sustitución de ciudadanos por mercenarios en la defensa del Estado, proceso que sintoniza con el de la crisis ideológica de la *pólis* y que fue asimismo estudiado por J. Kromayer, «Studien über Wehrkraft und Wehrverfassung der griechische Staaten vornehmlich in 4. Jahrhundert v. Chr.», *Klio* 3, 1903, 48 ss. Con todo, remitimos al enunciado sobre Mercenariado y esclavismo para un tratamiento más amplio de este tema.

Otro importante estudio, ya citado, sobre el arte militar en la Grecia clásica, el de W.K. Pritchett, *The Greek State at War*, Part II, Berkeley-Los Ángeles, 1974, incluye también un apartado dedicado a Ifícrates y sus peltastas. Arther Ferrill en *Los orígenes de la guerra (desde la Edad de Piedra a Alejandro Magno)*, Madrid, 1987 (original inglés: Londres, 1985) dedica el capítulo quinto a la «revolución militar» (págs. 211-261), enunciado que recoge los notables cambios en la naturaleza y condiciones de la guerra en el siglo IV –entre los que Ifícrates ocupa así mismo un lugar (págs. 221-227)–, que para el autor explican la aparición de «uno de los mejores ejércitos de la historia militar de Occidente: el de Alejandro».

Además de la destrucción de la *móra*, parece que poco antes Ifícrates ya había mostrado la efectividad de sus bien entrenados peltastas mercenarios en algunas razzias sobre territorio fliasio y mantineo, hasta el punto de que sus habitantes temían salir de las ciudades. Sin embargo, el escolio a los pasajes pertinentes del *Panatenaico* de Elio Aristides, en una de las dos versiones que nos han llegado, atribuye la acción sobre Fliunte a Cabrias, el estratego ateniense que según Diodoro habría sucedido a Ifícrates al frente de los peltastas destacados en el istmo de Corinto. W.E. Thompson, «Chabrias at Corinth», *GRBS* 25, 1985, 51-57 analiza esta fuente habitualmente desdeñada por los historiadores, y a su vez la presumible fuente del escoliasta, una crónica del Ática o *Atthis*, para plantear la hipótesis de que Ifícrates y Cabrias pudieron desempeñar el mando conjuntamente, el primero como jefe de las fuerzas atenienses en Corinto, el segundo como arconte de los hoplitas, con una lógica primacía de Cabrias (justo como sucede en el ataque sobre la *móra*, donde Calias dirige a los hoplitas e Ifícrates a los peltastas). La confusión radicaría en el hecho de que los atidógrafos guardaban memoria exclusivamente de los nombres de los generales, listado y número de tropas y resultado de las empresas atenienses, pero no prestaban atención a las tácticas, precisamente lo que más interesaba a Jenofonte, de ahí que en los analistas los logros de un joven Ifícrates, aún bajo la autoridad de un colega, pasaran inadvertidos y con el tiempo pudieran inducir a error.

A partir de 390 la guerra de Corinto fue eminentemente naval, con el Egeo como escenario. Sin embargo, los lacedemonios fueron capaces de prestar ayuda a sus aliados aqueos, cuyo control de la plaza de Calidón se veía amenazado por los acarnanios, a través de una expedición punitiva conducida por Agesilao en 389/8 que acabó doblegando a los acarnanios y sumándolos a la alianza espartana; los pormenores estratégicos y topográficos de la campaña se encuentran en R. Landgraf y G. Schmidt, «Der Feldzug des Agesilaos im korintischen Krieg», en P. Berktold *et alii* (eds.), *Akarnanien*, Wurzburgo, 1996, 105-112.

6. La guerra naval

Uno de los acontecimientos más trascendentales de la guerra de Corinto fue la batalla naval de Cnido, en agosto de 394, donde la flota fenopersa comandada por Conón y Farnabazo aplastó a la lacedemonia bajo el mando de Pisandro, cuñado del rey Agesilao. Como ya vieron los antiguos, la derrota espartana supuso el final de su hegemonía marítima en el Egeo. Luigi Pareti, «Intorno alla bataglia navale di Cnido (394 av. Cr.)», *BFC* 18, 1911 (reimpreso en *Studi minori di storia antica, II: Storia greca*, Roma, 1961, 278-283) es un breve trabajo en el que pretende sobre todo reafirmar que la célebre naumaquia tuvo lugar cerca de Cnido y además describir ciertos movimientos de ambas flotas antes y durante el encuentro, que en nuestras fuentes parecen confusos o bien son obviados.

Pero el camino hasta Cnido no fue fácil. El artículo de Dune A. March, «Konon and the Great King's Fleet, 396-394», *Historia* 46, 1997, 257-269 pone de manifiesto que la construcción y financiación de la flota por parte del Gran Rey estuvo sometida a los rigores de la *Realpolitik*, en otras palabras, que Artajerjes no dio el impulso definitivo a este proyecto iniciado un año antes hasta que la victoria de Agesilao en Sardes en la primavera de 395 le hizo tomar conciencia de la amenaza espartana en Asia Menor –tiempo durante el cual Conón no tuvo apenas naves ni dinero con que pagar a los remeros, teniendo que hacer frente incluso a un motín por este último motivo (véase a este respecto I.A.F. Bruce, «The Mutiny of Conon's Cypriot Mercenaries», *PCPhS* 8, 1962, 13-16, que se centra en el principal testimonio, un pasaje de las *Helénicas de Oxirrinco* [15.4], con vistas a determinar las intenciones de los amotinados)– y aun entonces situó al mando de la flota, por encima del ateniense Conón, al sátrapa Farnabazo.

Consecuencia inmediata del desastre espartano en Cnido fue la expulsión de los harmostas y guarniciones lacedemonias instaladas en las costas de Asia Menor y las islas del Egeo oriental, que acogen con satisfacción la tutela persa. Sobre los pasos de W.H. Waddington, «Conféderation de quelques villes de l'Asie Mineure et des îles après la bataille de Cnido (a.C 394)», *RN* 1863, 223-235 y M.O.B. Caspari, «A Survey of Greek Federal Coinage», *JHS* 37, 1917, 168-183, esp. 170, George L. Cawkwell, «A Note on the Heracles Coinage Alliance of 394 B.C.», *NC* 16, 1956, 69-75 sostiene que las estáteras de plata emitidas por diferentes islas y ciudades griegas de la costa minorasiática con el peso estándar persa, la leyenda ΣΥΝ (abreviatura de ΣΥΝΜΑΧΩΝ o bien de ΣΥΝΜΑΧΙΚΩΝ) y en el anverso el tipo de Heracles estrangulando dos serpientes –interpretado como un símbolo de liberación–, mientras en el reverso figura el tipo característico de cada estado miembro acompañado generalmente del étnico, serían acuñadas poco después de la batalla de Cnido por la alianza grecopersa que combatía a Esparta. La hipótesis fue contestada por J.M. Cook («The Cnidian Peraea and Spartan Coins», *JHS* 81, 1961, 56-72), quien argumentaba a favor de una alianza proespartana operativa entre 391 y 387, pero Cawkwell se reafirmó en «The ΣΥΝ Coins Again», *JHS* 83, 1963, 152-154 y su tesis ha gozado de mayor favor entre los investigadores.

La ayuda financiera y material persa, personificada en la figura de Conón, había posibilitado la recuperación naval ateniense y, con ella, de los viejos fantasmas del imperialismo del siglo V. Con Conón en la cima de su prestigio e influencia, Atenas había votado conceder honores extraordinarios a Evágoras, entre ellos la erección de una estatua en el ágora, cerca de la estatua de Zeus Eleuterio y del pórtico real, y la consideración de «heleno» (según D.M. Lewis y R.S. Stroud, «Athens Honors King Euagoras of Salamis», *Hesperia* 49, 1978, 180-193, que añaden dos nuevos fragmentos inéditos de la inscripción al ya conocido *IG* II[2] 20), con lo que marcaba una línea de actuación en política exterior que los atenienses no abandonarían en los años siguientes, a despecho de Persia. El encarcelamiento y subsiguiente muerte de Conón por una parte y la revuelta del rey Evágoras de Salamina contra el Gran Rey por otra (cuyos antecedentes son estudiados por E. Costa, «Evagoras I and the Persians, ca. 411-391 B.C.», *Historia* 23, 1974, 40-56) enrarecieron ese espíritu de colaboración desde 391, que finalmente acabaría por romperse con el envío ateniense de dos flotillas de diez trirremes para apoyar la sublevación chipriota (la liderada por Filócrates fue capturada en 389 por Teleutias, hermanastro de Agesilao, cerca de Rodas, mientras que la de Cabrias a comienzos de 387 tuvo mejor suerte y alcanzó la isla). Pues bien, partiendo de un minucioso análisis del discurso XIX del *corpus Lysiacum*, *Sobre la propiedad de Aristófanes*, donde se habla de una expedición organizada por el ateniense Aristófanes que los estudiosos identifican con la capturada por Teleutias, P.J. Stylianou, «How Many Naval Squadrons Did Athens Send to Evagoras?», *Historia* 37, 1988, 463-471 piensa que fueron tres y no dos los escuadrones enviados por Atenas, de los cuales el de Aristófanes sería el primero, en primavera o verano de 390, y llegaría a salvo a Chipre. El mismo discurso es utilizado por Christopher Tuplin, «Lisias XIX, the Cypriot War and Thrasybulus' Naval Expedition», *Philologus* 127, 1983, 170-186 para datar los acontecimientos que refiere y por añadidura precisar la cronología tanto de la guerra entre Evágoras de Salamina y el Gran Rey como de la expedición naval de Trasibulo al Helesponto.

Thomas J. Figueira, «Aigina and the Naval Strategy of the Late Fifth and Early Fourth Centuries», *RhM* 133, 1990, 15-51, esp. 31-44 expone la utilidad de Egina para la alianza espartana durante la guerra de Corinto, primero como refugio para oligarcas filoespartanos procedentes de las islas del Egeo y desde el verano de 389 como base naval de la flota lacedemonia tanto para operaciones en el Egeo como para razzias y actos de piratería (λησteία) sobre el Ática con los que no sólo de dañaban los recursos atenienses, sino que además se costeaba el mantenimiento de dicha flota. Se trata de una situación ciertamente excepcional, pues en realidad no regía el estado de guerra entre Atenas y Egina, de ahí que B. Bravo, «*Sûlan*. Représailles et justice privée contre des étrangers dans les cités grecques», *ASNP* 10, 1980, 675-987, esp. 844 ss., denominara a este tipo de relación «estado de represalia entre ciudades», que consistiría en que una ciudad proclama que sus habitantes son libres de tomar bienes (en ocasiones hasta personas) de otra ciudad. Sobre las formas y aspectos que reviste la práctica pirática en el mundo griego clásico, un fenómeno bien estudiado en época helenística (véase por ejemplo Pierre Brulé, *La piraterie crétoise hellénistique*, Annales Littéraires de l'Université de Besançon 223, París, 1978, que en sus páginas 128-133 aborda el episodio narrado por Jenofonte), disponemos ahora del libro de Claudio Ferone, *Lesteia. Forme di predazione nell'Egeo in età classica*, Nápoles, 1997, esp. 93-101, en el que los acontecimientos de Egina tienen cabida dentro de lo que el autor llama «piratas al servicio de los estados beligerantes», semejantes a los corsarios de otros períodos históricos.

En 391 estalló una violenta *stásis* en Rodas que habría de prolongarse durante tres años y en la que, dada la importancia geoestratégica de la isla, Esparta y Atenas estuvieron implicadas. Como hemos visto más arriba, cuatro años antes Rodas había abandonado la alianza espartana y recibido a la flota de Conón con los brazos abiertos, acontecimientos que fueron acompañados en el terreno político por un cambio de régimen, de uno oligárquico a uno democrático. Los relatos de Jenofonte y Diodoro –éste, derivado, de las *Helénicas de Oxirrico*– sobre este conflicto civil, más que presentar ciertas discrepancias, son abiertamente irreconciliables, sobre todo en el hecho de que para el primero los demócratas partidarios de Atenas consiguen mantenerse en el poder frente a la presión política y económica ejercida por los exiliados laconizantes, mientras que para el segundo los oligarcas dan un golpe de Estado, derrocan de hecho la democracia y matan y exilian a sus adversarios políticos.

Pues bien, enfrentados a esta tesitura y salvo alguna excepción (por ejemplo A. Momigliano, «Note sulla storia di Rodi», *RFIC* 14, 1936, 49-63, esp. 51-54, el ya citado trabajo de P. Funke, «Stasis und politischer Umsturz in Rhodos zu Beginn des IV. Jahrhunderts v. Chr.», en W. Eck, H. Galsterer y H. Wolff (eds.), *Studien zur antiken Sozialgeschichte: Festschrift Friedrich Vittinghoff*, Colonia, 1980, esp. 65-66 y E. David, «The Oligarchic Revolution at Rhodes 391-389 B.C.», *CPh* 79, 1984, 271-284 tratan de reconciliar las dos versiones), los estudiosos han preferido al historiador ateniense, quien, además de ser una fuente primaria, es más rico en detalles (al lado de las obras más generales sobre Grecia y las monográficas sobre la guerra de Corinto, citaremos por ejemplo a R.M. Berthold, «Fourth Century Rhodes», *Historia* 29, 1980, 32-49, esp. 39-40).

Sin embargo, tras un análisis de las dos tradiciones divergentes y de unos pasajes de la *Política* de Aristóteles que, aun sin referencia cronológica, parecen aludir a estos hechos (en realidad la relación había sido establecida por Momigliano en el artículo que acabamos de citar), H.D. Westlake, «Rival Traditions on a Rhodian Stasis», *MH* 40, 1983, 239-250 ha defendido que el relato de Diodoro, incluso siendo más breve y con los consabidos errores cronológicos cometidos por el Siciliota, es preferible al de un Jenofonte que, por una parte, acostumbra a descuidar los detalles acerca de los enfrentamientos en el mar y, por otra, realza el papel de espartiatas a quien le unen vínculos de amistad, como es el caso de Teleutias, hermanastro del rey Agesilao; el argumento esencial de la tesis de Westlake descansa en dos pasajes de la *Política* de Aristóteles (1302 b 23; 1304 b 27) alusivos a una lucha faccional en Rodas similar a la descrita por Diodoro, con la que la identifica, pese a que no contienen referencias cronológicas (la isla padeció disturbios de similar índole al menos dos veces más en fechas relativamente cercanas: 412 y 357).

Las alianzas de Atenas con los monarcas de Chipre (Evágoras de Salamina) y Egipto (Acoris), en rebelión contra el Gran Rey, acabaron por convencer a éste de la amenaza que entrañaba seguir subvencionando la reconstrucción imperial de Atenas. Con la sustitución del filoateniese Estrutas por el filolaconio Tiribazo al frente de la satrapía de Lidia, la política occidental persa cambiaba de orientación y mostraba su intención de apoyar a Esparta en la definición de la guerra. El movimiento de Artajerjes tuvo su reflejo en Esparta, donde Antálcidas es elegido navarco en 388/7. Gracias al apoyo de veinte naves enviadas por el tirano siracusano Dionisio el Viejo, mandadas por su cuñado Políxeno, más otras treinta llegadas desde Sardes, Antálcidas consigue reunir un total de ochenta –la mayor flota reunida desde el desastre de Cnido en 394–, con las que, dueño de los mares, bloquea a la flota ateniense en la Propóntide y corta el vital suministro de grano del mar Negro a Atenas. Si de una parte Piero Meloni, «Il contributo di Dionisio I alla operazioni di Antalcida del 387 av. Cr.», *RAL* 4, 1949, 190-203 subraya que la contribución de Dionisio fue decisiva tanto desde el punto de vista militar como del político (pues proyectaba la imagen de que el poderoso soberano de los griegos de Occidente apoya la causa lacedemonia), de otra F. Graefe, «Die Operationen des Antalkidas im Hellespont», *Klio* 28, 1935, 262-270 destaca la habilidad táctica del espartano en los combates navales contra Atenas. Un tercer trabajo, Alessandro Giuliani, «Dionigi I, Sparta e la Grecia», *RIL* 128, 1994, 149-166, recorre las fases de la alianza entre Dionisio y Esparta y examina pasajes de Lisias, Isócrates y Éforo para concluir que los griegos del siglo IV tenían una idea de la tiranía siracusana muy próxima a la de la monarquía persa.

7. Diplomacia y derecho interestatal

7.1 *Embajadas y tratados de alianza*

I.A.F. Bruce, «Athenian Embassies in the Early Fourth Century», *Historia* 15, 1966, 272-281 se aproxima a seis embajadas atenienses despachadas a Persia y Esparta en el contexto de la guerra de Corinto, ya sea para negociar el fin de las hostilidades, ya para conseguir o incrementar la ayuda de Artajerjes. El artículo se divide en tres secciones: en la primera se recogen las fuentes principales sobre cada una de ellas, en la segunda otro tipo de fuentes secundarias y fragmentarias que complementan o contradicen a las primarias y en la última el autor saca conclusiones de los dos apartados anteriores y realiza una serie de observaciones sobre el papel que jugaron Epícrates y Andócides en estas misiones diplomáticas.

Por su parte D.J. Mosley, «Conon's Embassy to Persia», *RhM* 116, 1973, 17-21 defiende la historicidad de una embajada enviada por Atenas y encabezada por Conón ante el sátrapa Tiribazo en el año 392 –en el marco de los intentos diplomáticos de los estados beligerantes por conseguir la ayuda del Gran Rey– para contrarrestar los esfuerzos de Antálcidas, el delegado espartano. Mosley trata de desmontar los argumentos esgrimidos por Jacoby para considerar apócrifa tal embajada, tales como que en ese tiempo Conón no podía ser a la vez almirante persa y embajador ateniense (según Mosley no hay conflicto de intereses), que no tiene sentido que sólo Conón fuera hecho prisionero por Tiribazo (Mosley responde que no es segura la fecha del arresto de Conón) o que el resto de los integrantes de la embajada son desconocidos por otras fuentes y no figuran por ejemplo en las negocaciones posteriores en Esparta (a lo cual Mosley arguye que la práctica diplomática, que precisamente no se fundamentaba en una continuidad en las tareas de representación de la ciudad, está plagada de casos semejantes, con embajadores de los que apenas conocemos el nombre). Por último Mosley reconoce que puede acusarse a Jenofonte de ser selectivo o incluso distorsionar la información que presenta al lector, pero no de «fabricarla».

Un tratado de alianza entre Esparta y el *éthnos* etolio de los erxadias –la única *symmachía* preservada de la Esparta prehelenística– ha sido fechado por D.H. Kelly, «The New Spartan Treaty», *LCM* 3, 1978, 133-141 en el año 388, en conexión con la expedición a Acarnania del rey Agesilao. Kelly piensa que los espartanos albergaban la intención de desmantelar el incipiente estado federal etolio y controlar mejor a sus miembros por separado. Sin embargo, Marta Sordi, «Il trattato fra Sparta e gli Etoli e la guerra d'Elide», *Aevum* 65, 1991, 35-38 cree que la ocasión más propicia para tal tratado se dio tras la victoria espartana en la guerra elea, por tanto, según la cronología de Pausanias que sigue la autora italiana, en 401; los etolios habrían pagado su ayuda militar a los eleos con el juramento de este *foedus iniquum* y la entrada en la liga del Peloponeso dirigida por Esparta. Dado que la inscripción se encuentra en estado fragmentario, su contenido carece de referencias cronológicas claras y sobre bases estilísticas puede pertenecer tanto al siglo V como al IV, la datación ha dependido del contexto histórico más conveniente en el que encajarla. Su descubridor W. Peek, *Ein neuer spartanischer Staatsvertrag*, Berlín, 1974 y F. Gschnitzer, *Eir neuer spartanischer Staatsvertrag und die Vergassung des Peloponnesischen Bundes*, Meisenheim, 1978 situaban el tratado en la primera mitad del siglo V; P. Cartledge, «A New 5th-Century Spartan Treaty», *LCM* 1, 1976, 87-92 creyó que 426 ó 425, en medio de la campaña etolia del ateniense Demóstenes y el espartano Euríloco de la guerra arquidámica, proveía la ocasión en que lacedemonios y etolios (quizá el epígrafe recogía en la parte perdida otros grupos étnicos además de los erxadias) pudieron acordar la paz y establecer la alianza. Este mismo autor en «The New 5th-Century Spartan Treaty Again», *LCM* 3, 1978, 189-190 no descartaba la posibilidad de una fecha en 388, como sostiene Kelly, pero se reafirmaba en su datación a mediados de la década del 420.

Isócrates (14.27-28), Plutarco (*Pel.* 4.4-5) y Paus. 9.13.1 recuerdan un tratado de alianza entre tebanos y espartanos firmado tras la paz del Rey, una de cuyas provisiones obligaba a los tebanos a mandar una fuerza a Mantinea en la que sirvieron como hoplitas Pelópidas y Epaminondas y en la que el segundo salvaría la vida del primero. Sin embargo, como ni Jenofonte ni Diodoro mencionan el tratado, Isócrates tampoco la anécdota (que sería un doblete de la de Sócrates salvando a Alcibíades en Delio) y en Mantinea hubo un asedio y no una batalla campal, la autenticidad de tal tratado se ha puesto en duda. Véase al respecto J. Buckler, «The Alleged Theban-Spartan Alliance of 386 B.C.», *Eranos* 78, 1980, 179-185.

D.M. Lewis, «Persian Gold in Greek International Relations», *REA* 91, 1989, 227-234 se centra en la utilización que el rey persa hacía de su enorme riqueza en el marco de sus relaciones con estados e individuos del mundo griego. De una parte el autor analiza la actitud de persas y griegos respecto de la costumbre de los primeros de agasajar con regalos (*dôra*) a embajadores y enviados griegos durante las recepciones –lo que podía dar origen a susceptibilidades o dudas acerca del futuro comportamiento de esos hombres– y, por otra, las ocasiones en que el tesoro persa sirvió bien para reclutar y mantener ejércitos, bien para captar la complacencia de políticos griegos, siempre de acuerdo con los intereses coyunturales del Gran Rey. Naturalmente tienen especial relevancia y son abordados por Lewis el famoso episodio del envío del rodio Timócrates para «sobornar» a los líderes antilaconios de los principales estados griegos en los albores de la guerra de Corinto y el veleidoso apoyo financiero que sátrapas como Tisafernes, Tiribazo o Estrutas prestaron a los atenienses o a los espartanos antes y durante dicha contienda.

Capítulo aparte merecen diversos trabajos que Víctor Alonso Troncoso ha dedicado al derecho interestatal helénico en época clásica en general y en la guerra de Corinto en particular. Comenzando por estos últimos, en «Tratados y relaciones de alianza en la guerra de Corinto», *RSA* 27, 1997, 21-71 Troncoso analiza, tanto desde una perspectiva jurídica como política, los instrumentos jurídicos, su articulación y su aplicación real por parte de los diferentes estados implicados en la guerra corintia. El artículo se divide en tres partes: la primera sobre la tensión y el sistema de alianzas que entró en juego en los prolegómenos de la contienda, la segunda en torno a los pactos anudados en los dos primeros años y, en tercer lugar, la estructura y funcionamiento de la llamada «coalición corintia». En «395-390/89 a.C., Atenas contra Esparta: ¿De qué guerra hablamos?», *Athenaeum* 87, 1999, 57-77 el mismo autor defiende la tesis de que, contra lo que pudiera parecer, en la primera mitad de la guerra corintia no existió un estado de guerra abierta y declarada (*phaneròs pólemos*) entre espartanos y atenienses o argivos –únicamente entre espartanos y beocios–, sino una «beligerancia vicaria o indirecta». En particular los espartanos parecen haber mantenido vigente con los argivos, al menos hasta 391, una paz particular (*idía eiréne*), a la que alude un pasaje del tercer discurso de Andócides, tema que ya fue tratado por Sylvain Payrau en «Sur un passage d'Andocide (*Paix*, 27)», *REA* 63, 1961, 15-30.

De las distintas alianzas que se nuclearizaron en el sinedrio de Corinto se nos ha preservado la anudada por atenienses y eretrios en el verano de 394, sobre la cual véase D. Knoepfler, «Une paix de cent ans et un conflit en permanence: étude sur les relations diplomatiques d'Athènes avec Érétrie et les autres cités de l'Eubée au IVe siècle av. J.-C.», en E. Frézouls y A. Jacquemin (eds.), *Les relations internationales, Actes du Colloque de Strasbourg (15-17 juin 1993)*, París, 314-364, esp. 314-319. Peter Krentz, «Athens' Alliance with Eretria», *AJPh* 100, 1979, 398-400 utilizó ciertos argumentos (sobre todo la ausencia de mención de la *Ecclesía* ateniense en el texto) para llevar la alianza al año 404/3, a la Atenas de los Treinta Tiranos, pero su hipótesis ya fue rebatida por el mismo Knoepfler en «Sur une clause du traité de 394 avant J.-C. avec Érétrie», *AJPh* 101, 1980, 462-469.

En lo que concierne a los trabajos sobre el derecho griego clásico, en el extenso artículo «Ultimatum et déclaration de guerre dans la Grèce classique», en E. Frézouls y A. Jacquemin (eds.), *Les relations internationales. Actes du Colloque de Strasbourg (15-17 juin 1993)*, París, 1995, 211-295 (versión más desarrollada del artículo en castellano titulado «Ultimátum de guerra en la antigua Grecia», *MCV* 23, 1987, 57-64), Troncoso arguye, sustentándolo en múltiples ejemplos de época clásica, que el ultimátum de guerra fue una práctica bien conocida y definida – aunque no perfectamente codificada–, así como con una notable importancia política y jurídica en el marco del derecho de gentes helénico. Buena parte de esos ejemplos afloran del período de hegemonía espartana (guerra elea, guerra corintia, guerra fliasia, guerra beocia, etc.). En «Algunas consideraciones sobre la naturaleza y evolución de *symmachía* en época clásica», en *Anejos de Gerión II. Estudios sobre la Antigüedad en homenaje al Profesor Santiago Montero Díaz*, Madrid, 1989, 165-179 subraya la riqueza experimentada por el derecho que se ocupa de los tratados a lo largo del clasicismo, cuyo principal instrumento, la *symmachía* o alianza plena, fue progresivamente perfeccionada y adaptada a las circunstancias del período. Pero la *symmachía* también puede esconder una *epimachía* o tratado defensivo limitado a proteger la *chóra* o territorio del aliado de una invasión. De este tipo de tratado se ocupa Alonso Troncoso en «El pacto defensivo en las relaciones internacionales del siglo IV (404-338 a.C.)», en P. Carlier (ed.), *Le IVe siècle, Approches historiographiques*, Nancy, 1996, 223-239, un trabajo que se divide en tres apartados: el primero trata los principios generales y la práctica interestatal en el siglo IV, mientras los dos restantes atañen a los tratados jurados en dos períodos concretos, el de la guerra de Corinto (págs. 231-234) y el que va desde la fundación de la segunda liga ateniense al final de la hegemonía tebana.

El estudio de Victor Martin, «Le traitement de l'histoire diplomatique dans la tradition littéraire du IVe siècle avant J.-C.», *MH* 1, 1944, 13-30 tiene por objeto el tratamiento que las fuentes literarias hacen de los actos diplomáticos del siglo IV (en realidad sólo hasta 362, fecha en la que Jenofonte decide poner fin a sus *Helénicas*), muy en especial las κοιναὶ εἰρῆναι o «paces generales». El autor concluye que los mismos acontecimientos son vistos desde ángulos diferentes, abordados con un espíritu diferente y descritos en términos diferentes, hasta el punto de que su identidad puede ser puesta en duda. En particular Jenofonte sale muy mal parado al no dejar transpirar en su obra los movimientos y sentimientos panhelénicos tan propios de la época, que para Martin afloran ya en las naufragadas negociaciones de paz de 392 y luego reaparecen sucesivamente en cada uno de los tratados de «paz común» concluidos.

7.2 Las negociaciones de paz de 392/1

Sobre el desarrollo de estas infructuosas negociaciones de paz llevadas a cabo en Sardes y Esparta, que sin embargo constituyen el germen de la futura paz del Rey de 386, la aparición de la memoria de U. Wilcken, «Über Entstehung und Zweck des Königsfriedens», en *APAW* 15, Berlin, 1941, 3-20 cuestionó los argumentos tradicionales imperantes desde los tiempos de Niebuhr. Para empezar, contra la tendencia mayoritaria entre los estudiosos, Wilcken suscribía la idea original de W. Judeich, «Die Zeit der Friedesrede des Andokides», *Philologus* 81, 1926, 141-154 y de A. Momigliano, «Per la storia della pubblicistica sulla κοινὴ εἰρήνη nel IV secolo a.C.», *ASNP* 5, 1936, 97-124, esp. 97-109, de invertir cronológicamente los encuentros, de modo que el de Esparta habría precedido al de Sardes. Pero el núcleo de su propuesta teórica residía en atribuir a Esparta la elaboración de una auténtica filigrana diplomática consistente en la conducción simultánea y coordinada de tres actos diplomáticos diferentes aunque interrelacionados, de forma que el fracaso de uno llevaba aparejado el fracaso de los demás. El primer acto sería un tratado de paz entre Esparta y Persia, el segundo una paz general de los griegos que recogiera expresamente el derecho a la *autonomía* de los participantes y el tercero un reconocimiento solemne por parte de todas las ciudades griegas continentales e insulares de la soberanía del Gran Rey sobre los griegos de Asia Menor. Al análisis y crítica punto por punto de la tesis de Wilcken, intentando desmontarla, dedicó Victor Martin todo un artículo que resultaría demasiado prolijo desbrozar aquí: «Sur une interprétation nouvelle de la 'Paix du Roi'», *MH* 6, 1949, 127-139.

James G. DeVoto, «Agesilaus, Antalcidas, and the Failed Peace of 392/1 B.C.», *CPh* 81, 1986, 191-202 abordó el asunto desde su conocimiento de la historia interna espartana. Su tesis es que, a diferencia del primer encuentro en Lidia, que sabemos por Jenofonte que fue patrocinado por el filopersa Antálcidas, la reunión de Esparta, para la cual únicamente contamos con el testimonio de Andócides, habría sido promovida por el rey espartano Agesilao con el fin de recuperar prestigio e influencia de cara a su oponente político Antálcidas (DeVoto acepta el dudoso testimonio de Plutarco sobre la enemistad mutua de ambos personajes). De esta forma Agesilao habría auspiciado unas conversaciones exclusivamente griegas –sin presencia del sátrapa persa, como en Sardes– en las que no se entregaba al Gran Rey la soberanía de las ciudades griegas de Asia Menor. Un elemento esencial en la construcción de DeVoto es la datación de las conversaciones de Sardes en la primavera de 392, cuando Esparta habría atravesado los peores momentos desde el comienzo de la contienda; en el intervalo de seis meses DeVoto cree que Agesilao lideró la contraofensiva lacedemonia y obtuvo importantes resultados en el istmo de Corinto que preparaban el terreno para un nuevo encuentro en Esparta en el invierno de 392/1. Para finalizar, DeVoto sospecha que las gestiones por la paz se vieron abocadas al fracaso porque sólo los beocios se mostraron favorables al acuerdo; a los atenienses no se les reconocía nada que no tuvieran ya, mientras argivos y corintios se opusieron porque no querían disolver su unificación política.

También Martin Jehne, «Die Friedensverhandlungen von Sparta 392/1 v.Chr. und das Problem der kleinasiatischen Griechen», *Chiron* 21, 1991, 265-276 incide en que la iniciativa de estas negociaciones partió exclusivamente del lado espartano, sin previa mediación persa, y discute la credibilidad del argumento ateniense para rechazar la oferta de paz, esto es, su defensa de la libertad de los griegos asiáticos. César Fornis, «La imposible paz estable en la sociedad griega: ensayos de *koinè eiréne* durante la guerra de Corinto», *SHHA* 23, 2005, 269-292 sostiene por un lado que la reunión de Esparta no tuvo nada de panhelénica ni fue favorecida personalmente por Agesilao, sino que se trata de una segunda fase de las negociaciones de Sardes, conducidas por tanto por Antálcidas y con presencia persa, física o no; por otro lado interpreta con detalle las cláusulas y analiza las razones, reales o pretextadas, del fracaso del acuerdo jurídico. Por su parte Pavel Oliva, «Sparta, Persien und die klenasiastischen Griechen», en M. Dreher (ed.), *Bürgersinn und staatliche Macht in Antike und Gegenwart. Festschrift für Wolfgang Schuller*, Constanza, 2000, 113-124 trata de cómo los griegos de Asia Menor se convierten en moneda de cambio para las potencias hegemónicas en el marco de las relaciones de poder en el período que va de la guerra del Peloponeso a la paz del Rey.

En los enunciados 1.1.5 y 1.1.7 nos hemos referido ya al trabajo de Piero Treves, «Note sulla guerra corinzia, II. Il *De pace* di Andocide e il *Menèsseno*», *RFIC* 15, 1937, 120-140, el cual, lógicamente, analiza los términos de paz discutidos por los estados beligerantes a partir del testimonio de Andócides. El italiano no comparte la citada inversión cronológica de los encuentros diplomáticos, cree que ambos fueron promovidos por una Esparta dispuesta a rendir lo que ya había perdido en Cnido (el imperio egeo) y que la soberanía persa sobre los griegos asiáticos fue *condicio sine qua non* para cualquier acercamiento, incluso aunque Andócides lo silencie ante su audiencia ateniense. Por su parte E. Badian, «The King's Peace», en M.A. Flower y M. Toher (eds.), *Georgica. Greek Studies in Honour of George Cawkwell*, *BICS* Suplemento 58, Londres, 1991, 25-48 también discute estas negociaciones en el primera apartado de este artículo (págs. 24-34) y se ve incapaz de dilucidar el orden cronológico, por lo que para él lo importante es el reconocimiento por parte de Esparta de que era imposible mantener a la vez una guerra en Europa y otra en Asia.

El extenso artículo de E. Aucello, «La genesi della pace di Antalcida», *Helikon* 5, 1965, 340-380 aborda de manera unitaria e indisociable las diferentes fases de las negociaciones diplomáticas que tras más de seis años culminaron en la paz del Rey. En primer lugar Aucello trata de establecer unas premisas cronológicas para las conversaciones inconclusas de Sardes y Esparta, adoptando el punto de vista tradicional de que tuvieron lugar en este orden, primero la reunión de Sardes en el invierno de 393/2 y luego la de Esparta aproximadamente un año después. El siguiente apartado discute las gestiones de Sardes, que interpreta como un «sondeo» destinado a conocer la reacción de los coligados a la iniciativa del espartano Antálcidas de reconocer la soberanía persa sobre los griegos de Asia Menor y declarar autónomas el resto de las ciudades griegas del continente y las islas. Después pasa al análisis de las fuentes sobre el «congreso» de Esparta (el tercer discurso de Andócides, un controvertido pasaje de Filocoro conservado en Dídimo y otro pasaje del *Menéxeno* platónico) para llegar a la conclusión de que el estado anfitrión flexibiliza su interpretación del principio de autonomía y hace concesiones a Atenas (que retiene el control de las cleruquías de Lemnos, Imbros y Esciro) y a Tebas (que conserva su hegemonía sobre la confederación beocia, salvo Orcómeno), no así a Corinto y Argos. En cuanto a los griegos de Asia, Aucello cree que verían reconocida su *autonomía*, bien que continuarían vinculados a Persia a través del pago de un tributo. Por fin, en el último epígrafe el autor se ocupa de la paz del Rey o paz de Antálcidas, que entiende como un tratado de *philía* y *symmachía* (amistad y alianza perpetuas) entre Esparta y el rey persa Artajerjes II, cumplimentado en dos fases: el rescripto real leído por Tiribazo en Sardes y el tratado de paz común firmado en Esparta por todas las ciudades griegas que quisieron adherirse a él.

7.3 *La «unión» de Corinto y Argos*

En medio de la guerra de Corinto aconteció lo que la historiografía moderna ha considerado un interesante experimento político y jurídico, la unión de los estados de Corinto y Argos, que duraría desde 392 hasta 386. Las incongruencias del relato de Jenofonte sobre lo que se fraguaba entre estas *póleis* trataron de ser solventadas por G.T. Griffith en su persuasivo artículo «The Union of Corinth and Argos (392-386 B.C.)», *Historia* 1, 1950, 236-256, en el que planteba que la unión habría tenido dos fases diferentes: el primer paso, en la primavera de 392, habría consistido en un acuerdo de *isopoliteía*, esto es, la concesión recíproca de la ciudadanía entre los dos estados implicados, mientras que el segundo y definitivo, tres años después, habría significado la total incorporación del territorio corintio al argivo. Sus argumentos son sustancialmente aceptados por Charles D. Hamilton, «The Politics of Revolution in Corinth, 395-386 B.C.», *Historia* 21, 1972, 21-37 (artículo que fue reimpreso con ligeras modificaciones como capítulo 9 de su monografía, ya comentada *supra*: *Sparta's Bitter Victories*), Michael Whitby, «The Union of Corinth and Argos: A Reconsideration», *Historia* 33, 1984, 295-308 y Karen L. Roberts (*vid. supra* apartado 3.3); M. Sordi, «Atene e l'unione fra Argo e Corinto», en C. Bearzot y F. Landucci (a.c.), *Argo. Una democrazia diversa*, Milan, 2006, 299-309 suprime el segundo estadio y cine los límites de la unión a los de la *isopoliteia*, matizando además que aconteció en un contexto bélico y bajo coerción argiva.

Por su parte Wesley E. Thompson, «The *Stasis* at Corinth», *SIFC* 4, 1986, 155-171 pensó en una *syntéleia* por la cual Corinto quedaría convertido en un estado tributario de Argos, aunque su principal objetivo es mostrar que en el conflicto civil corintio sólo existió una facción antilaconia, de ideario oligárquico, y no dos, una oligárquica y otra demócrata, como suele asumirse.

Para Mauro Moggi, «I sinecismi greci del IV secolo a.C.», en P. Carlier (ed.), *Le IVe siècle, Approches historiographiques*, Nancy, 1996, 259-271, esp. 259-260 lo que se produjo fue un auténtico sinecismo, la unificación política plena de las dos *póleis*. También Donald Kagan, «Corinthian Politics and the Revolution of 392», *Historia* 11, 1962, 447-457 y Christopher Tuplin, «The Date of the Union of Corinth and Argos», *CQ* 32, 1982, 75-83 se inclinan por pensar que la unión se consumó de una sola vez en 392, mientras que Nicola Di Gioia, «L'unione Argo-Corinto», en M. Sordi (a.c.), *Propaganda e persuasione occulta nell'antichità*, CISA 2, Milán, 1974, 36-44 opta por adelantarla un año, a 393. Más que de los detalles históricos en sí, C. Bearzot, *Federalismo e autonomia nelle Elleniche di Senofonte*, Milán, 2004 muestra en el capítulo II (págs. 30-36) cómo trata Jenofonte este episodio dentro de las tensiones entre federalismo y autonomía que despertaron con la hegemonía espartana de principios del siglo IV.

Pero en César Fornis, «Identidad corintia e identidad argiva en la 'unión' de 392-386 a.C.», en P. López Barja y S. Reboreda (eds.), *Fronteras e identidad: III Reunión de Historiadores del Mundo Griego Antiguo*, Santiago de Compostela-Vigo, 2001, 207-226 defendimos que en Corinto no llegó a establecerse un régimen democrático que pusiera fin a dos siglos de oligarquía, ni un acuerdo de *isopoliteía* con Argos, ni mucho menos la absorción literal del estado corintio por el argivo, como tendenciosamente interpreta Jenofonte. Bajo nuestro punto de vista no se trató sino de un episodio más de lucha faccional en el que el grupo corintio argófilo, minoritario, necesitaba de las armas argivas para dominar a sus oponentes y controlar los órganos de poder, en tanto los argivos aprovechaban para incrementar y fortalecer su presencia en Corinto. Tales hechos se enmarcan en un ambiente de *stásis* o conflicto civil permanente asociada al arrasamiento de cosechas y al enorme desgaste humano y económico provocado por una guerra que tuvo la Corintia como principal teatro de operaciones.

El episodio de conflicto civil en Corinto es también tratado por Raoul Lonis, «Poliorcétique et *stasis* dans la première moitié du IVe siècle av. J.-C.» en P. Carlier (ed.), *Le IVe siècle. Approaches historiographiques*, Nancy, 1996, 241-257 como un ejemplo de la peligrosa influencia sobre los asuntos internos de la ciudad que ejercen potencias extranjeras como Atenas, Esparta, Argos o Beocia.

8. La paz del Rey o de Antálcidas y las consecuencias de la guerra

La *koinè eiréne*, «paz común» o «paz general», se define como un tratado de paz caracterizado por afectar al conjunto de la comunidad helénica (fueran estados beligerantes o no), una duración indefinida y la proclama de autonomía y libertad para todas las ciudades griegas. La primera fue la paz del Rey o paz de Antálcidas, que en 386 puso fin a la guerra corintia, pero fue seguida por otras a lo largo del siglo IV (es un instrumento diplomático con unas coordenadas temporales muy concretas) modeladas sobre las mismas bases, lógicamente con la diferencia del poder hegemónico que la convocara. De este tipo de acuerdo jurídico interestatal desconocido hasta el momento se ocupó el libro de T.T.B. Ryder, *Koine Eirene. General Peace and Local Independence in Ancient Greece*, Oxford, 1965, basada en una tesis doctoral de la Universidad de Cambridge de 1956, la cual, además de definir los conceptos de «paz común» y de autonomía, rastrear sus antecedentes y recopilar las fuentes, analiza las cláusulas de los distintos tratados, las implicaciones legales, la interpretación de que fueron objeto y las circunstancias históricas que les rodearon, todo ello en orden diacrónico y completado por un total de quince apéndices sobre problemas de terminología, cronología, ámbito de aplicación, etc. En concreto el segundo capítulo (págs. 25-38) se centra en la guerra de Corinto y la paz del Rey.

En los últimos años un autor alemán ha seguido los mismos pasos de Ryder. El trabajo de Martin Jehne, *Koine Eirene. Untersuchungen zu den Befriedungs- und Stabilisierungbemühungen in der griechischen Poliswelt des 4. Jahrhunderts v. Chr.*, Hermes Suplemento 63, Stuttgart, 1994, crecido de una tesis de habilitación expuesta tres años antes en la Universidad de Passau, se vertebra en cuatro capítulos. De éstos el primero (págs. 7-29) es una introducción en la que se debate el concepto de estabilidad en la Grecia del siglo IV, en el segundo (31-137), el que aquí más nos interesa, aborda en orden cronológico las paces comunes anteriores a la dominación macedónica (en particular 31-57 para la paz del Rey y sus estériles ensayos previos), el tercero (139-267) se ocupa del período subsecuente a la fundación de la liga de Corinto por Filipo II y el último (269-284) asume la forma de conclusiones finales acerca del fracaso del modelo de *koinè eiréne* avalado por las sucesivas potencias hegemónicas, según su criterio por razones fundamentalmente ideológicas, dado que la falta de precisión conceptual la hacía inaplicable en la práctica.

Descendiendo a la producción científica «menor», otro trabajo que repasa la historia de la paz común en el siglo IV griego desde la guerra de Corinto hasta la muerte de Filipo II, aunque en este caso partiendo de la base de que no fueron sino fracasos en el intento de poner fin a un estado de guerra endémica (sólo Roma llevaría la ansiada y beneficiosa *pax* al solar helénico), es el de Sylvain Payrau, «*Eirenika*. Considérations sur l'échec de quelques tentatives panhelléniques au IVe siècle avant Jésus-Christ», *REA* 73, 1971, 24-71, esp. 26-47 para los intentos de 392/1 y la paz del Rey de 386. M. Jehne, «Die allgemeinen Friedensschlüsse in Griechenland im 4. Jahrhundert v. Chr.», *HZ* 255, 1992, 99-116 destaca que los distintos tratados de paz común se construían sobre la garantía de *autonomía* de las *póleis*, lo cual debía estimular la libre circulación y el comercio, pero en realidad promovió la desestabilización y los conflictos ideológicos. También recorre diferentes negociaciones y tratados de paz entre finales del siglo V y 371 el artículo de P.J. Rhodes, «Sparta, Thebes and *Autonomia*», *Eirene* 35, 1999, 33-40, en su afán por explorar el ambiguo concepto de *autonomía* y, sobre todo, su aplicabilidad, fundamentalmente a través de las «paces generales» (y sus frustrados precedentes de 392/1). En opinión de Rhodes, si bien es cierto que las potencias hegemónicas hacían un uso arbitrario y coercitivo del principio de autonomía de las ciudades, los griegos tenían una visión más amplia del mismo que el mero hecho de tener libertad para jurar tratados o alianzas (en los que el *hegemón* suele obligar a los miembros de su liga). Sin embargo, reconoce que es muy difícil precisar más, pues el sentido del término variaba según quién lo utilizara y para qué propósito; existiría una gradación, lo que permitía que por ejemplo se debatiera si era lícito que Tebas ejerciera un control de la confederación beocia sin menoscabo de la autonomía de las *póleis* integrantes o que Atenas hiciera lo propio con las cleruquías de Lemnos, Imbros y Esciro, en tanto que nunca se cuestionaba la pertenencia de la isla de Salamina al Ática o la dependencia de los periecos espartanos.

A. Momigliano, «La κοινὴ εἰρήνη dal 386 al 338», *RFIC* 12, 1934, 482-514 nace del intento del erudito italiano de explicar el ordenamiento dado por Filipo II a Grecia después de Queronea, para lo cual se remonta a los antecedentes de la *koinè eiréne* auspiciada por el Macedonio. En lo que se refiere a la paz de Antálcidas, Momigliano niega que fuera verdaderamente una «paz general» (que no llegaría hasta 375), sino sólo una «paz», tal y como aparece designada en la alianza entre Atenas y Quíos de 384/3. Mucho tiempo después, Luciano Canfora volvería sobre esta reflexión historiográfica de Momigliano acerca de la paz común en «Una riflessione sulla *Koinè Eiréne*», en R. Uglione (ed.), *Atti del Convegno Nazionale di Studi su "La pace nel mondo antico" (Torino 9-11 Aprile 1990)*, Turín, 1991, 61-71, donde también se ocupa de la noción de «paz» en el mundo griego y de los precedentes de la «paz general».

El primero en ocuparse monográficamente de la paz del Rey de 386 (con la salvedad de la pequeña incursión de G.E. Underhill, «Athens and the Peace of Antalcidas», *CR* 10, 1896, 19-21, en la que se aducía que los ambiciosos esquemas neoimperialistas de Atenas fueron la verdadera causa de una paz promovida por Esparta, y del primer capítulo, págs. 1-8, del libro de S. Accame, *La Lega Ateniese del sec. IV a.C.*, Roma, 1941) fue Ferdinand Nolte, *Die historisch-politischen Voraussetzungen der Königsfrieden von 386 v. Chr.*, Bamberg, 1923, un pequeño estudio de 59 páginas que ya ponía sobre la mesa los principales problemas (la situación de los griegos asiáticos, el principio de autonomía frente al imperialismo), además de incluir una retrospectiva sobre el pacifismo literario y político desde las guerras médicas.

Mucho tiempo después el tema ha sido objeto de revisión por Ralf Urban, *Der Königsfrieden von 387/6 v. Chr. Vorgeschichte, Zustadekommen, Ergebnis und politische Umsetzung*, Historia Suplemento 68, Stuttgart, 1991, para quien los acontecimientos que conducen a la concreción de la paz del Rey –el autor arranca del año 404– están gobernados por la idea directriz de que el pueblo ateniense no intentó en modo alguno reconstruir su imperio marítimo, ni en el momento inicial de la alianza con Beocia en 395, ni siquiera durante la actividad naval en el Egeo que caracterizó la última fase de la carrera de Trasíbulo. En cuanto a la paz en sí, la entiende como fruto de la convergencia de intereses de los contrayentes: Esparta cerraba una guerra abierta en diversos frentes, Atenas restablecía la comunicación con los vitales estrechos y desbloqueaba el golfo Sarónico, Persia garantizaba su soberanía sobre Clazómenas, Chipre y las ciudades griegas de Asia Menor y tenía sus manos libres para afrontar las revueltas de Egipto y Chipre, quedando al mismo tiempo como árbitro de los asuntos griegos. Después el estudioso germano se extiende a las consecuencias del tratado hasta la década de los años setenta, prestando particular atención al *Panegírico* de Isócrates como símbolo de la resistencia griega a acatar tanto la paz como la amistad del «bárbaro».

La inclusión explícita en el tratado de Clazómenas –una pequeña isla en el golfo de Esmirna, aparentemente sin interés– había causado extrañeza entre los estudiosos modernos. Pues bien, S. Ruzicka, «Clazomenae and the Persian Foreign Policy, 387/6 B.C.», *Phoenix* 37, 1983, 104-108 explica que la preocupación del Rey por ver reconocida su soberanía sobre ella respondía a que proveía un lugar idóneo para reunir grandes flotas como la que se preparaba para navegar contra Chipre y Egipto, toda vez que Evágoras de Salamina se había hecho con el control efectivo de las regiones costeras de Fenicia y Cilicia, que tradicionalmente servían a ese fin. El mismo autor en «Athens and the Politics of the Eastern Mediterranean in the Fourth Century B.C.», *AncW* 23, 1992, 63-70 reivindica la necesidad de adoptar una perspectiva persa para entender plenamente la política exterior ateniense en el Egeo.

George L. Cawkwell, «The King's Peace», *CQ* 31, 1981, 69-83 parte de la premisa de que el historiador moderno no puede confiar en Jenofonte como guía para un análisis de la paz del Rey, pues éste sólo se hace eco de un rescripto y deja en silencio las auténticas cláusulas del tratado, las cuales en su opinión precisarían por ejemplo el concepto de *autonomía* y contemplarían la desmovilización de ejércitos y sanciones contra quienes violasen dichas cláusulas. La tesis ya había sido esbozada en un artículo anterior, «The Foundation of the Second Athenian Confederacy», *CQ* 23, 1973, 47-64, supeditada al intento del autor de adelantar en el tiempo la formación de la segunda liga ateniense.

Como homenaje al autor de origen neozelandés, E. Badian vuelve a este tema en «The King's Peace», en M.A. Flower y M. Toher (eds.), *Georgica. Greek Studies in Honour of George Cawkwell*, BICS Suplemento 58, Londres, 1991, 25-48, donde, aparte de señalar las incertidumbres que rodean esta paz, defiende que ésta no fue un tratado multilateral entre el Gran Rey y los griegos, únicamente bilateral entre Artajerjes y Esparta, que ni siquiera fue jurado por el persa y que fue impuesto a los demás estados. Así, la primera «paz común» no nació como tal. Por lo demás, y tras la comparación con «paces generales» posteriores, Badian acepta las sugerencias de Cawkwell acerca de la elevada probabilidad de que existieran cláusulas o «codicilos» no mencionados por Jenofonte.

Después de contrastar las fuentes literarias que se refieren a la paz del Rey (la más importante es Jenofonte y en segunda instancia Isócrates, con Demóstenes y Plutarco como complementarias), Mario Attilio Levi, «Le fonti per la pace di Antalcida», *Acme* 8, 1955, 105-111 considera que la interpretación más plausible del proceso consiste en distinguir tres fases: primero la propuesta de Antálcidas al Rey de un «nuevo orden» nacido de la alianza entre Esparta y Persia, segundo la proclamación del Rey acompañada de la amenaza de emplear la fuerza contra quienes se opongan y, por último, un «congreso panhelénico» en el que Esparta imponía a los griegos el acuerdo previo alcanzado por Antálcidas y Artajerjes II.

Por su parte el trabajo de Friedemann Quass, «Der Königsfriede von Jahr 387/6 v. Chr.: zur Problematik einer allgemein-griechischen Friedensordnung», *HZ* 252, 1991, 33-56 pone de manifiesto que los principios de autonomía y libertad sobre los que Esparta construye la paz del Rey se basaban en los métodos hegemónicos aplicados por Atenas en el siglo V, si bien Esparta no tuvo escrúpulos en su aplicación y el Gran Rey no actuó en modo alguno como garante de tales principios.

Mostafa E.H. El Abbadi, «The Greek Attitude towards the King's Peace», *BSAA* 43, 1975, 17-41 reflexiona sobre el hecho de que, si la paz del Rey fue una traición espartana a los griegos asiáticos y los demás griegos se vieron forzados a jurarla, tal y como se desprende de la mayoría de las fuentes del siglo IV, ¿por qué entonces no sólo espartanos, sino también atenienses y tebanos, invocaron en sus subsiguientes tratados internacionales el respeto a sus cláusulas? El autor cree que hubo una aguda división en la opinión pública griega del siglo IV en cuanto a la percepción y valoración del significado de esa «paz común».

Recordaremos aquí también el artículo de U. Wilcken, «Über Entstehung und Zweck des Königsfriedens», *APAW* Berlin, 15, 1941, 3-20, ya comentado en el enunciado anterior.

Otros trabajos más generales sobre diplomacia y derecho interestatal helénico en los que tiene cabida análisis más o menos profundos de la paz del Rey son los de F. Hampl, *Die griechische Staatsverträge des 4. Jahrhunderts v. Chr. Geb.*, Leipzig, 1938, esp. 8-12 e I. Calabi, *Ricerche sui rapporti fra le poleis*, Florencia, 1953, 70-81.

En lo que se refiere a las consecuencias de este tratado internacional, asegura Jenofonte que los espartanos serán los *prostátai* o dirigentes de la paz del Rey, y en efecto ésta es entendida como piedra fundacional de naturaleza jurídica sobre la que se construye una nueva y más estable hegemonía espartana en Grecia. En este sentido, el estudio de Robin Seager, «The King's Peace and the Balance of Power in Greece, 386-362 B.C.», *Athenaeum* 52, 1974, 36-63 incide en que, por su carácter universal, la paz del Rey y las sucesivas renovaciones fueron por encima de todo un arma diplomática en manos de las potencias – sucesivamente Esparta, Tebas y Atenas – para imponer sus dictados políticos al resto de los griegos, sin guiarse en ningún momento por imperativos morales, esto es, por una voluntad real de trabajar por la paz. A similar conclusión llega Kimitoshi Moritani, «*KOINE EIRENE*: Control, Peace, and *Autonomia* in Fourth-Century Greece», en T. Yuge y M. Doi (eds.), *Forms of Control and Subordination in Antiquity*, Leiden, 1988, 573-577, quien traza el desarrollo de la «paz común» en el siglo IV entre un lógico deseo de control por parte del poder hegemónico y la resistencia a éste plasmada en el concepto de *autonomía*, la cual sin embargo acabó siendo aplastada por el primero, transformando esta clase de paz en un instrumento de dominación. *A contrario*, el artículo de Katrin Schmidt, «The Peace of Antalcidas and the Idea of *Koine Eirene*. A Panhellenic Movement», *RIDA* 46, 1999, 81-96, que fundamentalmente es un estado de la cuestión sobre el tema, privilegia el aspecto de que la paz del Rey puede en justicia ser considerada un avance en el desarrollo de las relaciones internacionales y en la búsqueda de un nuevo ideal de paz y estabilidad para la ecúmene griega. En la sombra queda Persia, a la que la paz deja como árbitro y garante de la situación geopolítica, aunque M. Zahrnt, «Hellas unter Druck? Die griechisch-persischen Beziehungen in der Zeit von Abschluss des Königsfriedens bis zur Gründung des Korintischen Bundes», *AKG* 65, 1983, 249-306 ha cuestionado seriamente la influencia, o la presión, persa sobre los asuntos griegos tras la paz del Rey. En «Xenophon, Isokrates und die κοινὴ εἰρήνη», *RhM* 143, 2000, 295-325, este mismo autor propone que Isócrates consideró los beneficios y perjuicios que reportó a su patria helena los veinte años de vigencia de la primera «paz común», la de Antálcidas, en tanto que Jenofonte parecía más preocupado por la utilidad que le darían a la siguiente, la de Pelópidas, sus detestados tebanos. Aun reconociendo esta laconofilia de Jenofonte, Domenico Musti, «Il tema dell'autonomia nelle *Elleniche* di Senofonte», *RFIC* 128, 2000, 170-181 asegura que el historiador también supo ser crítico hacia Esparta cuando ésta no supo o no quiso defender el principio de *autonomía* de según qué ciudades griegas (por ejemplo en el caso de las asiáticas frente a los designios del Gran Rey) o cuando lo violó flagrantemente en aras de su propio interés (caso de la ocupación de la Cadmea tebana).

R.K. Sinclair, «The King's Peace and the Employment of Military and Naval Forces 387-378», *Chiron* 8, 1978, 29-54 se pregunta si la paz del Rey pudo incluir cláusulas específicas –que las fuentes habrían obviado– sobre derechos territoriales de los estados griegos y del Gran Rey, la retirada de guarniciones, una definicion de *autonomía* o, por último, sanciones contra vulneradores del acuerdo, para lo cual también profundiza en el período de vigencia de dicho tratado, hasta que la fundación de la segunda liga ateniense lo convirtió en papel mojado. Aproximadamente por el mismo período de tiempo se mueve la tesis doctoral de David G. Rice, *Why Sparta Failed: A Study of Politics and Policy from the Peace of Antalcidas to the Battle of Leuctra, 387-371 B.C.*, Yale University, 1971, quien articula su estudio en cuatro capítulos: el primero analiza la historia política de Grecia desde el final de la guerra del Peloponeso a la paz del Rey centrándose en el efecto que la rivalidad política interna tenía sobre las decisiones de política exterior en estados como Esparta, Atenas y Tebas; el segundo discute los métodos imperialistas de Agesilao (campañas en Mantinea, Fliunte, Olinto y Tebas), así como la oposición a los mismos; el tercer apartado examina los acontecimientos de 379/8 (golpe de mano de Fébidas en Tebas e intentona de Esfodrias en Atenas) para demostrar que los factores políticos influyeron en las acciones militares; el último capítulo se ocupa de los sucesos de 377-371 para probar que las rivalidades dentro de Atenas y Esparta dieron como resultado una política errática de la que salió muy beneficiada Tebas, que finalmente sería la artífice del desastre espartano en Leuctra.

Por lo pronto, una vez queda como única potencia hegemónica, Esparta regresa a una línea política dura basada en la expansión territorial, en el tratamiento abusivo y arbitrario de los aliados, en la injerencia interna en los asuntos de otras ciudades y en las exigencias tributarias, por señalar algunos rasgos. Este crudo imperialismo quedará patente en las intervenciones de Esparta en

Mantinea (a la que se fuerza al diecismo o desintegración como *pólis*), Fliunte (a la que se asedia y luego derroca la democracia para instalar una oligarquía integrada por clientes de Agesilao), Tebas (con el famoso episodio de la toma de la Cadmea, la acrópolis de la ciudad, por el espartano Fébidas), Epiro y Calcídica (guerra olintia), Chipre, etc., episodios todos que son desarrollados en amplitud por Eugenio Lanzillotta, «La politica spartana dopo la pace di Antalcida», *MGR* 7, 1980, 129-179. En concreto sobre el caso mantineo: D. Carlo Gillone, «I Lacedemoni e l'autonomia degli alleati peloponnesiaci nelle *Elleniche*», en G. Daverio Rocchi y M. Cavalli (a.c.), *Il Peloponneso di Senofonte, Giornate di Studio del Dottorato di recerca in Filologia, Letteratura e Tradizione classica (Milano, 1-2 aprile 2003)*, Milán, 2004, 115-141, P. Funke, «Sparta und die Peloponnesische Staatenwelt zu Beginn des 4. Jahrhunderts und der Doikismos von Mantineia», en C. Tuplin (ed.), *Xenophon and his World. Papers from a conference held in Liverpool in July 1999*, *Historia* Suplemento 172, Stuttgart, 2004, 427-435 y el capítulo III (págs. 37-43) de C. Bearzot, *Federalismo e autonomia nelle Elleniche di Senofonte*, Milán, 2004.

H.M. Hack, «Thebes and the Spartan Hegemony 386-382 B.C.», *AJPh* 99, 1978, 210-227 se concentra en las relaciones entre Esparta y Tebas, que culminaron con la toma de la Cadmea, una flagrante violación de la soberanía tebana que conmocionó a la opinión pública helénica. Hack trata de mostrar que esta reacción espartana respondió a un giro en el balance de poder en la política interna de Tebas, donde la facción antilaconia de Ismenias habría cobrado nueva fuerza frente a la filolaconia de Leontíades como consecuencia de la reciente conducta despótica espartana hacia Mantinea y Fliunte. Sólo con la Acrópolis tebana en su poder pudo Esparta librarse de quien fue su mayor enemigo en los últimos años, Ismenias, a través de un juicio político bajo la acusación de medismo que acabó en una ejecución sumaria (véase al respecto S. Dusanic, «Le médisme d'Ismenias et les relations greco-perses dans la politique de l'Académie platonicienne», en *La Béotie antique, Colloques Internationaux du CNRS*, París, 1985, 227-235, que después de todo no considera el juicio una parodia, ni un acto de venganza, sino el resultado de un cambio en la política persa de Agesilao desde 383 tras varios años de fría colaboración con el Rey).

Estos años subsecuentes a la paz coinciden con el momento de mayor prestigio e influencia de Agesilao, a pesar de lo cual no le faltaron opositores. Es el caso de Agesípolis, el otro diarca, que moriría en el curso de la guerra olintia, concretamente en el verano de 380, a causa de unas fiebres que cogió durante la captura de Torona. D.G. Rice, «Agesilaus, Agesipolis, and Spartan Politics, 386-379 B.C.», *Historia* 23, 1974, 164-182 ve en el rey agíada el principal rival de su colega Agesilao al haber seguido los pasos de su padre Pausanias en la defensa de una política exterior menos agresiva para con los aliados, que los tratara como tales y no como súbditos, conducta que le permitió aglutinar en torno a sí las simpatías de las facciones democráticas, o si se quiere de las menos exclusivistas y reaccionarias, en los estados aliados.

Por encima de vicisitudes militares y políticas, Piero Treves, «Introduzione alla storia della guerra corinzia», *Athenaeum* 16, 1938, 65-84 y 162-193 repara en la vertiente humanística propia del período de la guerra de Corinto para constatar, fundamentalmente a través del primer Platón (en cuya obra resulta más visible que en los discursos de Lisias, Andócides, el primer Isócrates o el último Aristófanes), la crisis de la *pólis* ateniense y la antinomia entre individuo y ciudad.

9. Prosopografía

9.1 Ateniense

9.1.1 *General*

Hay que comenzar con el excelente compendio de J.K. Davies, *Athenian Propertied Families 600-300 B.C.*, Oxford, 1971, que recopila y comenta las fuentes –y la bibliografía anterior– referidas al patrimonio y las relaciones sociales, familiares y, por supuesto, políticas, de los ciudadanos atenienses de la clase propietaria, ordenados alfabéticamente –a modo de diccionario biográfico–, en el dilatado arco cronológico recogido en el título, con lo que incluye a los protagonistas directos o indirectos de la guerra de Corinto (Conón, Trasibulo, Ifícrates, Cabrias, Agirrio, Ánito, Calístrato, etc.). El trabajo de Davies actualizaba notablemente, en virtud de los avances producidos en materia de análisis de la sociedad ateniense durante seis décadas, los dos volúmenes de la *Prosopographia Attica* de J. Kirchner (Berlín, 1901-1903; hay reimpresión anastática: Berlín, 1966) y el estudio de J. Sundwall, *Epigraphische Beiträge zur social-politischen Geschichte Athens, Klio* Suplemento 4, Leipzig, 1906, si bien ambos conservan cierta validez. También con un carácter prosopográfico, aunque mucho más escueto en la información que dispensa de cada individuo, es el reciente *A Lexicon of Greek Personal Names*, editado por P.M. Fraser y E. Matthews, cuyo volumen II está dedicado al Ática (Oxford, 1994). Por último, Karen Lee Singh, *The Impact of Family Relationships on Athenian Politics*, 594-322 B.C., Diss. University of Wisconsin, 1971 recuerda en su capítulo tercero (págs. 101-137) a prominentes ciudadanos atenienses, junto con sus ascendientes, descendientes y otras conexiones familiares, que desempeñaron puestos de responsabilidad en la política de la ciudad entre los años 403 y 379.

Similares caracteríticas, aunque en este caso prima el factor cronológico, presenta el compendio de Robert Develin, *Athenian Officials 684-321 B.C.*, Cambridge, 1989, que recoge, listados por años áticos, los cargos públicos (no solamente los magistrados) de la Atenas arcaica y clásica atestiguados, ya sea de forma fehaciente o con ciertas dudas. Los nombres van acompañados de una breve noticia de sus actividades conocidas, las fuentes literarias y epigráficas en donde aparecen, las referencias de los repertorios prosopográficos de Kirchner y de Davies (cf. parágrafo anterior) y la bibliografía moderna relacionada con el contenido. También se incluyen los decretos del Estado con información relevante. Las páginas con los años de la guerra de Corinto van de la 206 a la 218, aunque los atenienses que sirvieron de una u otra forma al Estado en ese tiempo pueden asimismo haberlo hecho con anterioridad y/o con posterioridad.

Entre los artículos prosopográficos de amplio espectro podemos citar el de Mogens Herman Hansen, «*Rhetores* and *Strategoi* in Fourth-Century Athens», *GRBS* 24, 1983, 151-180, un repertorio con todos los líderes políticos (éste es el significado de ῥήτορες καὶ στρατεγοί, según es definido por el danés en un artículo complementario: «The Athenian 'Policitians', 403-322 B.C.», *GRBS* 24, 1983, 33-55), atestiguados en la Atenas entre los años 403 y 322 a partir de las fuentes, rigurosamente ordenadas, que testimonian el ejercicio de la estrategia, el desempeño de embajadas, las acciones judiciales presentadas ante los tribunales y la Asamblea, así como los discursos y las proposiciones de decretos ante la Asamblea, el Consejo o los nomotetas. Obviamente en la lista se incluyen personajes y acciones que se desenvuelven en el marco de la guerra de Corinto: Agirrio, Cabrias, Conón, Ifícrates, Pánfilo, Trasibulo... En lugar de utilizar el método prosopográfico, Saul Perlman, «The Politicians in the Athenian Democracy of the Fourth Century B.C.», *Athenaeum* 41, 1963, 327-355 se orienta hacia la extracción social y las bases económicas de lo que él considera «la clase política» de Atenas, en la medida que los participantes en las actividades públicas pertenecían a la clase propietaria acomodada y no tenían diferencias ideológicas sustanciales entre sí, lo que permitía una estabilidad y moderación en la democracia ateniense del siglo IV hasta el final de la guerra lamíaca.

Finalmente encontramos también noticia de algunos atenienses que por una u otra razón tuvieron contacto o relación con el imperio persa en el período de la guerra de Corinto (Conón, Jerónimo, Ifícrates, Formisio), junto con las fuentes sobre ellos, en J. Hofstetter, *Die Griechen in Persien. Prosopographie der Griechen im Persischen Reich vor Alexander*, Berlín, 1978.

9.1.2 *Agirrio*

Por debajo de arrolladoras personalidades como Conón o Trasibulo, las fuentes permiten seguir, si bien más intermitentemente, la actividad pública de otros rétores contemporáneos. Es el caso de Agirrio, tío de Calístrato (*vid. infra*), quizá ya zaherido por Aristófanes en *Las ranas* (405) por haber disminuido el salario de los poetas, pero que sin duda alcanza su *acmé*, su mayor popularidad, durante la guerra de Corinto gracias a incrementar a tres óbolos (*triobolía*) el *misthòs ecclesiastikós*, la subvención estatal por asistencia a la Asamblea que él mismo había introducido unos años atrás; más controvertido es su papel en la creación del *theorikón* o subsidio para presenciar los espectáculos públicos. En 388/7 su aparente inoperancia como estratego en el Helesponto le privó del favor popular y está en la raíz proceso por malversación de fondos que dio con él en la cárcel. Todos estos hitos de su carrera financiera y militar son desglosados y discutidos por F. Sartori en «L'*acme* di Agirrio nelle fonti contemporanee», en M. Sakellariou (ed.), *Colloque international 'Démocratie athénienne et culture' organisé par l'Académie d'Athènes en coopération avec l'UNESCO (23, 24 et 25 novembre 1992)*, Atenas, 1996, 305-322.

9.1.3 *Cabrias*

El modelo de artículo biográfico escrito por E. Bianco sobre Ifícrates (*vid. infra*) es repetido por la autora en «Chabrias Atheniensis», *RSA* 30, 2000, 47-72, que tiene como eje central la figura de Cabrias, otro importante estratego ateniense que también desarrolló su carrera militar a lo largo de la primera mitad del siglo IV, comenzando asimismo con distintas intervenciones en la guerra de Corinto. Al igual que Ifícrates también dejaría durante un tiempo su ciudad natal para servir como mercenario excelentemente pagado por estados extranjeros, eso sí, siempre que no perjudicase los intereses de su patria, a la que volvería para alcanzar nuevos éxitos militares.

9.1.4 *Calístrato*

Paul Cloché, «La politique de l'Athénien Callistratos», *REA* 25, 1923, 5-32, Raphael Sealey, «Callistratos of Aphidna and his Contemporaries», *Historia* 5, 1956, 178-203 y Cinzia Bearzot, «Callistrato e i "moderati" ateniesi», *CRDAC* 10, 1978-79, 7-27 repasan la dilatada carrera política de Calístrato de Afidna y el contexto en el que se desenvolvió, el de la sociedad ateniense de la primera mitad del siglo IV. Aunque Calístrato alcanzó su momento de mayor influencia en el período subsecuente a la paz del Rey, en sus primeros años, los que coincidieron con la guerra de Corinto, se le relaciona con la facción de su tío Agirrio, líder de la facción demócrata radical, quien, debilitado en 395 por una presunta alianza de los grupos de Trasibulo y Céfalo, se habría vinculado a su vez a Conón cuando éste regresó a Atenas dos años después (con Conón estarían también los «militares» Ifícrates y Calias). El joven y ambicioso Calístrato, instrumento de Agirrio, se dio a conocer con la proposición del decreto que procesó a los cuatro miembros de la embajada ateniense que había fracasado en las conversaciones de paz con Esparta del año 392/1 (Epícrates, Andócides, Cratino y Eubulides). En los años 80 sufrió un temporal eclipse político, quizá consecuencia del juicio y condena por malversación de fondos que pesó sobre su tío Agirrio a finales de la guerra de Corinto.

9.1.5 *Céfalo*

Céfalo de Colito es un personaje, que sin llegar a la notoriedad de Conón o Trasíbulo, tuvo su importancia política durante el primer cuatro del siglo IV. A la reconstrucción de su carrera pública dedica Giuliana Besso el trabajo «Gli uomini politici emergenti in Atene nei primi anni del IV secolo a.C.: il caso de Cefalo di Collito», *Quaderni del Dipartimento di Filologia, Linguistica e Tradizione Classica A. Rostagni* 9, 1997, 43-54, del que se desprende que, por encima de la imagen de demagogo de extracción humilde y con una retórica encendida y plagada de insultos que transmite la comedia aristofánica, fue un político con un proyecto coherente de reconquista de la hegemonía para Atenas, un proyecto fundamentado en el control directo o indirecto de áreas geopolíticas estratégicas como el Egeo septentrional y el Helesponto.

9.1.6 *Conón*

G. Barbieri, *Conone*, Roma, 1955 es la única biografía sobre el personaje público más relevante, junto con Trasíbulo de Estiria, de la Atenas de la primera década del siglo IV. Sin embargo, alienta en la obra la idea de que Conón fue ante todo un militar que rehusaba participar de manera activa en la política interna de su patria ateniense. El libro se articula en dos partes: la primera se consagra a la actividad de Conón durante la fase final de la guerra del Peloponeso, cuando desempeñó la estrategia en varias ocasiones, la última de las cuales vio la amarga derrota de Egospótamos, en 405, tras la que, temiendo las represalias del *dêmos*, optó por no regresar a Atenas y buscar refugio en Chipre, en la corte de su amigo y protector el rey Evágoras de Salamina.

La segunda parte, en la que nuestro personaje cobra mayor protagonismo, se ocupa de su estancia en Chipre y de su encuentro con el sátrapa Farnabazo, al que convence para sufragar la construcción de una poderosa flota que atajase la hegemonía espartana en el Egeo y las razzias en Asia Menor. Una vez le fue concedido el cargo de almirante de la flota persa, Conón sufre el inconstante apoyo financiero del Rey al programa naval, que provocó momentos de incertidumbre, como el motín de la tripulación por falta de paga y el bloqueo espartano en Cauno, pero supo imponerse a las adversidades y lograr que la estratégica base naval de Rodas haga defección del bando espartano, para poco después inspirar el derrocamiento de la oligarquía de los Diagóridas y la instauración de un régimen democrático en la isla. Durante este tiempo Barbieri argumenta que Conón mantenía vínculos con la facción demócrata radical en Atenas, liderada por Epícrates y Céfalo, que le enviaba hombres y armas; también opina que, pese a que las fuentes no lo reflejen, Conón tendría un papel de intermediario y organizador en la llegada de Timócrates a Grecia con el oro persa que estimularía a las facciones antiespartanas para desencadenar el conflicto. Un año después, en agosto de 394, Conón alcanza su mayor triunfo cuando, al mando de una flota feniciochipriota, derrota sin ambages a los lacedemonios en la batalla de Cnido y da al traste con la supremacía naval espartana en el Egeo. Tras expulsar a los harmostas y guarniciones lacedemonias de las ciudades sometidas –que pasan a ser autónomas y bajo tutela persa–, Conón regresa a Atenas, donde se le erigen estatuas y se le otorgan toda clase de honores. Según Barbieri, es entonces cuando Conón toma la *prostasía* o liderazgo de los demócratas radicales, partidarios de la reconstrucción del imperio. Con el dinero persa Conón impulsa la reconstrucción de los muros de la ciudad y del puerto del Pireo (que llevarán el nombre de «cononianos»), destruidos en 404 por Lisandro. El último capítulo del libro de Barbieri se interesa por el papel de Conón en las estériles negociaciones de paz de Sardes, de su subsecuente apresamiento por el sátrapa Tiribazo y de su muerte, que según unas fuentes tuvo lugar en la prisión persa, según otras en Chipre, de enfermedad, tras haber huido o haber sido liberado.

Un trabajo mucho más reciente, el de Giulana Besso Mussino, «L'azione politica in Atene all'inizio del IV secolo a.C.: gli "amici" di Conone», *Quaderni del Dipartimento di Filologia,*

Linguistica e Tradizione Classica A. Rostagni 13, 1999, 115-129, explora el círculo de amistades y referentes nuclearizado por Conón (al que pertenecerían Deméneto, Jerónimo, Sófilo, Nicofemo y el hijo de este último, Aristófanes, todos ellos personajes vinculados a él en Chipre o en Atenas durante la primera década del siglo IV), que sin embargo, en opinión de la autora, nunca constituyó un auténtico grupo político, una alternativa a los de Agirrio, Epícrates o Trasibulo (sí tenía contactos con todos ellos a través de «vincoli matrimoniali, famigliari o di possesso fondiario»).

En concreto sobre el multitudinario retorno de Conón a Atenas y su significado en la política interior y exterior del Estado trata el trabajo de Peter Funke, «Konons Rückkehr nach Athen», *ZPE* 53, 1983, 149-189. En contra de la creencia generalizada de que esta concesión de honores cívicos especiales ejerce una acción beneficiosa sobre el honorando, del que la *pólis* espera obtener contrapartidas en el futuro, Charles D. Hamilton, «On the Perils of Extraordinary Honors: the Cases of Lysander and Conon», *AncW* 2, 1979, 87-90 arguye que a veces no se consiguió el efecto buscado, sino que muy al contrario el impacto fue nocivo y generó envidia y conflictividad en torno al homenajeado, pudiendo causar incluso su ruina política o personal. Según el historiador norteamericano éstos fueron los casos de Conón y Lisandro. Ambos alcanzaron una gloria sin precedentes en sus respectivos estados, Atenas y Esparta, pero a partir de ese momento el primero fracasó en una embajada en tierras persas y fue hecho prisionero por el sátrapa Tiribazo, mientras el segundo levantó ampollas entre las instituciones espartanas –particularmente en la diarquía–, celosas del entramado de poder que había construido tanto en la propia Esparta como en el imperio, por lo que fue siendo eclipsado y sus intentos por recuperar prestigio y autoridad se vieron abocados al fracaso.

Conón y Trasibulo de Estiria fueron las dos personalidades dominantes en la política ateniense de la primera década del siglo IV. La historiografía moderna tiende a enfrentarlos en virtud de varias razones: el primero sería un demócrata «radical» que propugna una idea de imperio similar al del siglo V, es decir, basado en el sometimiento de los aliados y con Persia como aliado; al segundo se le considera demócrata «moderado», partidario de un imperio en paridad de derechos con los aliados y sin hacer concesiones al «bárbaro». Pues bien, B.S. Strauss, «Thrasybulus and Conon. A Rivalry in Athens in the 390s B.C.», *AJPh* 105, 1984, 37-48 rechaza tales argumentaciones en favor de una enemistad o rivalidad exclusivamente personal emanada de la ambición de ambos personajes, ninguno de los cuales estaba dispuesto a asumir un papel secundario en el liderazgo de Atenas, y con unas raíces que se remontan a veinte años antes, cuando Trasibulo demostró su adhesión a Alcibíades y colaboró estrechamente con él en tanto que Conón, además de no hacerlo, llevaría más tarde ante los tribunales a Adimanto, amigo de Alcibíades y presumiblemente también de Trasibulo.

Por encima de estas presuntas desavenencias y rivalidades políticas entre sus líderes, Robin Seager, «Thrasybulus, Conon and Athenian Imperialism, 396-386 B.C.», *JHS* 87, 1967, 95-115 está convencido de que una amplia mayoría del *dêmos* ateniense anhelaba la restauración del imperio marítimo, es más, entendía que la *arché* del siglo V sólo había sido momentáneamente interrumpida, por lo que sus representantes se limitaron a encarnar ese deseo y canalizarlo, según el momento, a través de distintas vías que no difieren sustancialmente entre sí. En otras palabras, el pueblo ateniense es el auténtico motor de la *dýnamis* imperial de la ciudad, que no dejó de manifestarse a lo largo de la guerra de Corinto y que hizo fracasar cualquier intento de solución negociada al conflicto. En este sentido Conón no fue un intérprete más radical de la voluntad popular que Trasibulo (por poner los dos ejemplos más conspicuos) y ambos perseguían el mismo objetivo: la reconstrucción de la talasocracia ateniense en el Egeo.

Cabe recordar aquí el artículo de Franco Sartori, «'Rovesciare la democrazia' nell'ultimo Aristofane», en L. Belloni, V. Citti, L. de Finis (a.c.), *Dalla lirica al teatro: nel ricordo di Mario Untersteiner (1899-1999)*, Trento, 1999, 141-158, ya citado en el apartado 1.1.4, sobre los temores de una remoción del régimen democrático en la Atenas de 392-388 precisamente por el poder acaparado por estos dos personajes.

9.1.7 *Ifícrates*

Sobre Ifícrates contamos con el trabajo de Elisabetta Bianco, «Ificrate, ῥήτωρ καὶ στρατηγός» *MGR* 21, 1997, 179-207, una reconstrucción biográfica de la vida y carrera de este personaje que aunaba talento militar y capacidad oratoria –aspectos ambos que tienden a disociarse en la Atenas de la primera mitad del siglo IV–, desde sus primeros pasos en la guerra de Corinto hasta su desaparición a finales de la década de 350 o principios de 340, cimentada en las fuentes literarias, pero concediendo especial relevancia a las *Estratagemas* del macedonio Polieno –quien recoge hasta un total de 63 ardides del ateniense, más que de cualquier otro jefe militar griego o romano–, una fuente habitualmente poco acreditada.

Las operaciones de Ifícrates y sus peltastas mercenarios, altamente cualificados y disciplinados, durante la guerra de Corinto son examinadas en el artículo de César Fornis, «Τὸ ξενικὸν ἐν Κορίνθῳ: Ifícrates y la revolución subhoplítica», *Habis* 35, 2004, 71-86, ya comentado en el enunciado número 5.

9.1.8 *Trasibulo de Estiria*

En sí mismo Trasibulo de Estiria no ha atraído el interés de los historiadores modernos, que siempre se han acercado a su figura bien en conexión con otros hechos políticos o militares (gobierno de los Cuatrocientos, juicio de las Arginusas, restauración democrática tras los Treinta Tiranos), bien en relación con otras figuras a priori más sugerentes (Alcibíades, Conón). Disponemos de dos estudios monográficos. El primero es el de Léon Saur, *Thrasybule de Stirie. Une certaine idée d'Athènes*, Université de Liège, 1978, una tesis doctoral bastante inaccesible vertebrada en ocho capítulos que marcan las diferentes etapas de su vida pública, desde 411 al año de su muerte, 389 ó 388, precedidos por uno sobre las fuentes y el medio social de Trasibulo y concluidos por otro acerca de su personalidad y de su fama póstuma; particularmente nos interesa aquí el capítulo VII (págs. 204-258), que aborda «La reconquista de la independencia (403-386)». El segundo libro es el de Robert J. Buck, *Thrasybulus and the Athenian Democracy. The Life of an Athenian Statesman*, Historia Suplemento 120, Stuttgart, 1998, cuyos siete capítulos presentan la misma organización temática que el anterior y de los cuales interesan en concreto el quinto y el sexto, que analizan su activa participación e influencia en los acontecimientos de la guerra de Corinto. Trasibulo fue el arquitecto de la alianza con Tebas que involucró a Atenas en el conflicto, después su estrella declinó conforme se elevaba la de su presunto adversario político Conón, para finalmente, a la muerte de éste, asumir de nuevo importantes posibilidades en la conducción de la guerra naval del Egeo, donde dio importantes pasos en la reconstrucción del imperio ateniense. Pese a que al final de su vida se vio enturbiado por un intento de procesamiento por extorsión, malversación de fondos e injusto tratamiento de los aliados –murió antes de regresar para el juicio–, las conclusiones de Buck son tan positivas que llega a decir de Trasibulo que fue «un hombre honorable, honesto y sincero [una *rara avis* en su tiempo]..., de dotes excepcionales, a quien debe acreditarse por conducir sendos movimientos de restauración de la democracia en Atenas, por restablecer por dos veces la autoridad atenienses en el norte del Egeo y por vencer brillantemente en al menos dos ocasiones a los peloponesios».

Específicamente sobre la actividad pública de Trasibulo durante la guerra de Corinto trata el trabajo de Teresa Alfieri Tonini, «L'ultima fase della carriera politica di Trasibulo», *RIL* 106, 1972, 122-148. En primer lugar la italiana analiza en sentido diacrónico los momentos de mayor influencia del Estirieo sobre el *dêmos*, así como los de su caída en desgracia, en consonancia con los acontecimientos (apogeo en la génesis del conflicto, eclipse político como consecuencia de la decepción por las derrotas en Nemea y Coronea, resurgimiento tras la muerte de su oponente

Conón), y después saca conclusiones acerca del papel que jugó Trasibulo en la política ateniense de comienzos del siglo IV y en la tradición posterior, considerándolo un hombre de armas sin demasiadas dotes oratorias y adalid de un imperio ateniense respetuoso para con sus aliados, un estadista que basaba su prestigio político en la fortuna de sus acciones militares.

S. Accame, «Il problema della nazionalità greca nella politica di Pericle e Trasibulo», *Paideia* 11, 1956, 241-253 compara las políticas imperiales de Pericles y de Trasibulo y arguye que este ultimo tenía una visión geográfica del mundo griego más amplia que el primero y patrocinaba la idea de levantar, sobre los principios de democracia y libertad, un imperio «panhelénico» en un marco de respeto e igualdad con sus aliados. Esta personal valoración de Accame, que hace de Trasibulo un audaz precursor de nuevas ideas políticas, difiere en no pocos aspectos de la ofrecida por Buck, para quien el Estirieo fue una figura anacrónica que soñaba con reverdecer viejos laureles de Atenas. Tal contraste es explicado por Marta Sordi, «Trasibulo entre politica e religione», *RFIC* 128, 2000, 182-191 por la complejidad del personaje, conservador y revolucionario a un tiempo, defensor a ultranza de la *pátrios politeía* ateniense (esto es, la democracia) y también de la moral y la religiosidad tradicional (concretada en los misterios eleusinos, origen de la piedad que le caracterizaba), pero capaz a la vez de tomar las armas (por dos veces, en 411 y 403) para derribar el orden formalmente establecido en su ciudad. Ya E. Ciarfera, «Lealtà democratica e pietà eleusinia di Trasibulo», en M. Sordi (a.c.), *L'immagine dell'uomo politico: vita pubblica e morale nell'antichità*, *CISA* 17, Milán, 1991, 51-63 había expuesto que el espíritu y el ideal democrático de Trasibulo estaba inspirado por la religión, de modo que la participación conjunta de oligarcas y demócratas atenienses en los misterios eleusinos constituía una llamada a la concordia entre ambos grupos, una forma de cerrar las heridas abiertas por el conflicto civil ateniense tras la guerra del Peloponeso.

George L. Cawkwell, «The Imperialism of Thrasybulus», *CQ* 26, 1976, 270-277 data en 391-390 la expedición de Trasibulo en la que los estudiosos ven un intento de restaurar el imperio ateniense del siglo V, si bien de hecho sólo triunfó y dejó huella en el Helesponto. En cuanto a la concepción imperial, Trasibulo avalaría, según el autor neozelandés, la recuperación del poder naval ateniense, a diferencia de Conón, quien preferiría apoyarse en la flota persa y en Evágoras para combatir a Esparta.

Para terminar, David F. Middleton, «Thrasyboulos' Thracian Support», *CQ* 32, 1982, 298-303 sugiere que Trasibulo tenía vínculos y apoyos en Tracia que se harían explícitos ya en sus campañas de File y el Pireo, donde hay tracios entre los metecos y extranjeros que le siguieron en su intento de derrocar a los Treinta Tiranos, y que subsistirían al menos hasta 390/89, cuando durante la guerra de Corinto viaja a Tracia y al Helesponto en el marco de una expedición que pretendía restaurar la influencia ateniense en estas zonas. Más notorios aún son los contactos personales que Trasibulo anudó con aristócratas tebanos, en particular con Ismenias, *prostátes* de la facción antilaconia, una relación basada en la ayuda y en el beneficio mutuos, como ha visto R.J. Buck, «Ismenias and Thrasybulus», *AncW* 36, 2005, 34-43, de la que se derivan importantes consecuencias políticas (acogida y colaboración activa con los refugiados atenienses de los Treinta, alianza ateniensebeocia de 395) dada la influencia que ambos ejercieron durante un tiempo en sus respectivos estados.

9.2 Espartana

9.2.1 *General*

Continúa siendo indispensable el repertorio prosopográfico elaborado por P. Poralla, *Prosopographie der Lakedaimonier bis auf die Zeit Alexanders des Grossen*, Breslau, 1913 (hay una segunda edición revisada y completada por A.S. Bradford: Chicago, 1985), que examina alfabéticamente aquellos personajes lacedemonios de los que hay constancia literaria o epigráfica hasta la muerte de Alejandro Magno. Como en el caso de Atenas, encontramos algunos destacados espartanos en la nómina de políticos y militares griegos que trabaron contacto con Persia en estos años (Antálcidas, Agesilao, Dercílidas) en las entradas correspondientes de J. Hofstetter, *Die Griechen in Persien. Prosopographie der Griechen im Persischen Reich vor Alexander*, Berlín, 1978.

H.D. Westlake, «Individuals in Xenophon, *Hellenica*», *BRL* 49, 1966, 246-269 (reimpreso en *Essays on the Greek Historians and Greek History*, Manchester, 1969, 203-225) tiene como propósito demostrar que los criterios por los que se rige Jenofonte en sus *Helénicas* al tratar los personajes principales son erróneos y están llenos de prejuicios, sobre todo a la hora de valorar la importancia y virtudes de cada uno de ellos, mediatizado como estaba por un modelo de comandante militar forjado por el propio historiador a imagen y semejanza de sí mismo. Así, dice Westlake, Jenofonte habría destacado las cualidades militares de su héroe y patrono Agesilao, y del hermano de éste, Teleutias, en tanto habría minimizado el papel jugado por un crítico de la realeza espartana como fue Lisandro o por Epaminondas, en este caso debido a su hostilidad hacia los tebanos.

9.2.2. *Agesilao II*

Sobre el rey espartano Agesilao ya hemos hecho mención de los trabajos de mayor envergadura en el apartado 3.4, por coincidir *grosso modo* con la historia misma de Esparta durante las cuatro primeras décadas del siglo IV, imposibles de entender al margen de la figura y personalidad de un rey que controló en buena medida las instituciones y los resortes de poder en el estado hegemónico en Grecia. Por ello traemos aquí a colación las contribuciones que tienen como enfoque primario algún aspecto concreto de la vida u obra del diarca.

Así, sustrayéndose al moralismo de nuestras fuentes, George L. Cawkwell, «Agesilaus and Sparta», *CQ* 26, 1976, 62-84 distingue y analiza diferentes vertientes dentro de la política exterior desplegada por el rey Agesilao durante sus cuatro décadas de reinado (c. 399-c. 362 según el autor): el revestimiento panhelénico de sus maniobras políticas, su hostilidad hacia Tebas, su actitud hacia la paz del Rey, su intento de aplicar la organización y funcionamiento de la liga del Peloponeso a estados extrapeninsulares...

El campo militar era la esfera en la que un rey espartano podía descollar y conquistar una parcela de poder mayor dentro de una *politeía* u ordenamiento constitucional en la que la *Gerousía* o Consejo de ancianos era la piedra angular. Mientras estaba en campaña, el diarca era el jefe supremo del ejército, del pueblo en armas. No es extraño, por tanto, que Agesilao pasara combatiendo la mayor parte de sus 83 u 84 años de vida. En «The Generalship of King Agesilaos of Sparta», *AncW* 8, 1983, 119-127, Charles Hamilton evalúa las virtudes castrenses de Agesilao (en realidad muy asociadas a las políticas) y llega a la conclusión de que como comandante de hombres (ya sean espartanos, aliados o mercenarios) inspiraba confianza y lealtad, como táctico fue capaz de adaptarse a las diferentes circunstancias y desplegar habilidad e iniciativa de cara a cualquier problema; en cambio, careció de visión política más allá de las fronteras espartanas y se dejó llevar por instintos primarios como su odio hacia los tebanos.

Del mismo autor estadounidense, «Étude chronologique sur le règne d'Agésilas», *Ktèma* 7, 1982, 281-296 intenta precisar fechas vagas del reinado de Agesilao, en particular la del ascenso al trono y la de su muerte. Hamilton no ve razones para rechazar el testimonio de Plutarco en cuanto a que el diarca gobernó cuarenta y un años, de modo que sería investido en la primavera o verano de 398, cuando Lisandro había recuperado su enorme influencia, y moriría en Egipto en el invierno de 359/8.

Antes de partir para su campaña en Asia, el ambicioso Agesilao hizo un alto en el puerto beocio de Áulide a fin de rememorar el legendario sacrificio realizado en ese mismo lugar por Agamenón de camino a Troya. El escenográfico y grandilocuente ritual, que quería revestir de panhelenismo una empresa personalista, fue interrumpido por la caballería beocia, hecho que el rey euripóntida nunca perdonaría a los beocios. Véase al respecto J.-F. Bommelaer, «Le songe d'Agesilas: un mythe ou le rêve d'un mythe?», *Ktèma* 7, 1983, 19-26 y G. Ragone, «L'*imitatio Agamemnonis* di Agesilao fra Aulide ed Efeso», *MGR* 20, 1996, 21-49.

Plutarco recuerda en una de sus *Máximas laconias* que Agesilao rechazó los honores divinos que le quisieron tributar los tasios. Frente al escepticismo generado por la anécdota, M.A. Flower, «Agesilaus of Sparta and the Origins of the Ruler Cult», *CQ* 38, 1988, 123-134 vislumbra un sustrato de verdad (el biógrafo se basaría en Teopompo) y que la ocasión para la recepción de los enviados tasios pudo ser bien en 394, cuando regresaba para combatir en la guerra corintia, o bien en 385, ya acabada ésta, en relación con la intervención espartana en la isla.

Pero era en realidad a su muerte, cuando un rey espartano recibía honores y era objeto de ritos propios de un héroe, de alguien con un estatus intermedio entre los mortales y los dioses. Agesilao no fue una excepción. Se le instituyó un culto, un sacerdocio y juegos destinados a perpetuar su memoria. Además, Juan Miguel Casillas, «La heroización de Agesilao II: Una interpretación ideológico-social de la monarquía lacedemonia», en F.J. Presedo, P. Guinea, J.M. Cortés y R. Urías (eds.), Χαῖρε. *Actas II Reunión de Historiadores del Mundo Griego Antiguo. Homenaje al Profesor Fernando Gascó*, Sevilla, 1997, 155-171 recuerda que los funerales reales legitimaban la monarquía hereditaria como institución reservada a dos dinastías (Agíadas y Euripóntidas) y eran la ocasión para demostrar la cohesión del Estado, pues en ellos se congregaban todas las clases sociales, desde los privilegiados *hómoioi* a los hilotas, pasando por mujeres, periecos y otros grupos dependientes.

9.2.3 *Antálcidas*

Antálcidas fue sin duda el embajador espartano de mayor renombre e influencia en la primera mitad del siglo IV. Sus excelentes relaciones en la corte persa le permitieron jugar un papel determinante en distintas negociaciones, de entre las cuales ocupa un lugar preeminente por su significación la paz que lleva su nombre, consensuada en la primavera de 386. La carrera diplomática de Antálcidas prosiguió tras el final de la guerra de Corinto, pero es su suicidio el que aparece rodeado de incógnitas. Frente a la hipótesis dominante, que sostiene que Antálcidas se dejó morir de hambre tras fracasar en las conversaciones que llevaron a la *koinè eiréne* de 367, y la alternativa presentada por D.J. Mosley en varios trabajos, según la cual esto habría sucedido hacia el año 370, J. Buckler, «Plutarch and the Fate of Antalkidas», *GRBS* 18, 1977, 139-145 defiende que Antálcidas no tuvo nada que ver con la citada paz de 367 y fue en 361 cuando, humillado y vejado en una última misión ante Artajerjes II, cometió suicidio.

9.2.4 *Lisandro*

A pesar de que murió en Haliarto, en el primer enfrentamiento de entidad de la guerra de Corinto (verano de 395), a nadie se le escapa que Lisandro marcó con sus proyectos imperialistas la política interna y externa del estado espartano del cambio de siglo. El estudio más exhaustivo es sin duda el de J.-F. Bommelaer, *Lysandre de Sparte. Histoire et traditions*, BEFAR 240, París, 1981, quien consagra a «Los últimos años de Lisandro» el séptimo capítulo (págs. 173-197) de un estudio que, por lo demás, es importante para entender la vida pública y privada del arquitecto del segundo imperio espartano. En dicho capítulo el historiador francés parte del problema cronológico derivado de la ambigüedad de las fuentes en su información sobre la coronación de Agesilao y la embajada de Lisandro a Sicilia, prosigue con el análisis de la situación personal de Lisandro antes y durante la expedición de Agesilao a Asia Menor y finaliza con sus controvertidos proyectos para derrocar la realeza en Esparta y su muerte en la batalla de Haliarto, cuya responsabilidad recaería (Bommelaer es de los pocos estudiosos que piensan que con fundamento) sobre los hombros de su adversario político, el rey Pausanias, quien se exiliaría en Tegea antes que afrontar el juicio que le condenaría a muerte por contumacia.

Precisamente el supuesto proyecto lisandreo de arrumbar la institución diárquica (o cuando menos de hacerla electiva, acorde con los méritos del individuo, de forma que él sería un obvio candidato), lo mismo que el de restaurar las decarquías durante la campaña de Agesilao en Asia Menor, serían en opinión de A.G. Keen, «Lies about Lysander», en F. Cairns y M. Heath (eds.), *Papers of the Leeds International Latin Seminar 9, 1996: Roman Poetry and Prose, Greek Poetry, Etimology, Historiography*, Leeds, 1996, 285-296, invenciones de este último a la muerte de Lisandro y Jenofonte contribuiría a su transmisión.

Basándose exclusivamente en las *Helénicas* y en la *República de los lacedemonios* de Jenofonte, Gerald Proietti, *Xenophon's Sparta. An Introduction, Mnemosyne* Suplemento 98, Leiden, 1987 tiene como hilo conductor la figura de Lisandro, cuya carrera, dividida en distintas fases, sirve de configuración a los capítulos. Aquí nos interesan particularmente para nuestro tema los dos últimos, en los que el autor aborda primero la relación personal entre Lisandro y Agesilao y su reflejo en el tablero político (apoyo de Lisandro a la ascensión al trono de Agesilao, promoción conjunta de la gran expedición a Asia en 396 y por fin ruptura entre los dos ambiciosos líderes) y después el papel de instigador de Lisandro en la invasión lacedemonia de Beocia que abrió las hostilidades.

Lisandro es descrito en las *Helénicas* de Jenofonte como un personaje intrigante, manipulador, cruel y amoral, pero al mismo tiempo dotado de talento estratégico. Los rasgos negativos de su personalidad son explicados por H.D. Westlake, «Individuals in Xenophon, *Hellenica*», *BRL* 49, 1966, 246-269, esp. 260-269 (reimpreso en *Essays on the Greek Historians and Greek History*, Manchester 1969, 202-225, esp. 216-225) por los prejuicios que el historiador ateniense tenía sobre él, particularmente por la enemistad que mantenía con Agesilao, héroe y patrono de Jenofonte. Por el contrario, para Bodil Due, «Lysander in Xenophon's *Hellenica*», *C&M* 38, 1987, 53-62 Jenofonte supo reconocer las cualidades de Lisandro como general y como político, si bien lo dejó traslucir en su relato de forma sutil y entre líneas, sin ningún barrunto de encomio. En parecidos términos se expresa J.-M. Giraud, «Lysandre et le chef idéal de Xénophon», *QS* 53, 2001, 39-68, para quien el historiador ateniense vio en Lisandro el modelo de líder político y militar, incluso cuando tal modelo tiene elementos disonantes como la brutalidad, la impiedad o la ambición desmesurada. A partir de una relectura tanto política como moral de los fragmentos conservados de Teompompo, Guido Schepens, Ἀρετή e ἡγεμονία. I profili storici di Lisandro e di Agesilao nelle *Elleniche* di Teompompo», en G. Daverio Rocchi y M. Cavalli (a.c.), *Il Peloponneso di Senofonte, Giornate di Studio del Dottorato di recerca in Filologia, Letteratura e Tradizione classica (Milano, 1-2 aprile 2003)*, Milán, 2004, 1-40 concluye que el historiador quiota no prodigó elogios por igual a Agesilao y a Lisandro como exponentes de la virtud espartana, tal y como se piensa, sino que vio en el segundo a un espartano atípico, poco convencional, capaz de promover un programa de reformas que afianzara la posición hegemónica de Esparta en el mundo griego, todo lo contrario que Agesilao, anclado en la tradición licurguea y posesor de una clase de virtud inadecuada para la conducción de un imperio, lo que explicaría el declive lacedemonio en el siglo IV.

En cuanto a los honores extraordinarios de que disfrutó tras su victoria en la guerra del Peloponeso –entre los cuales destaca el de ser el primer griego a quien aún en vida se le rindió culto como a una divinidad– y el posible efecto pernicioso que ejercieron sobre su entorno sociopolítico, ya se ha comentado más arriba (apartado 9.1.6) a propósito del artículo de Hamilton sobre la concesión de dignidades semejantes a Conón en Atenas.

W.K. Prentice, «The Character of Lysander», *AJA* 38, 1934, 37-42 es una semblanza biográfica en la que los testimonios favorables al comandante espartano (salidos de la pluma de Jenofonte y Teopompo) son contrapuestos a los desfavorables (difundidos por Nepote, Diodoro y Plutarco).

9.2.5 Teleutias

El hermanastro del todopoderoso Agesilao recibe el mismo tratamiento benevolente que el dinasta espartano por parte de Jenofonte, para quien en sus acertadas intervenciones militares encarnaría, en opinión de A. Pizzone, «Storiografia e socratismo. Il ritratto di Teleutias tra πρόνοια e τόλμη», en G. Daverio Rocchi y M. Cavalli (a.c.), *Il Peloponneso di Senofonte, Giornate di Studio del Dottorato di recerca in Filologia, Letteratura e Tradizione classica (Milano, 1-2 aprile 2003)*, Milán, 2004, 307-324, dos importantes y complementarias virtudes: la audacia (*tólme*) y la prudencia, el buen juicio (*prónoia*), sin la cual la primera puede resultar hasta perniciosa.

9.3 Persa

9.3.1 *Tiribazo*

Tiribazo habría de ser el encargado de cumplir la orden de decapitar a Tisafernes y de sucederle en su posición de sátrapa de Lidia y de *káranos* (general en jefe de los ejércitos reales) de Asia Menor, disfrutando de una elevada consideración en la corte persa a lo largo de la primera mitad del siglo IV (aparece por primera vez en las fuentes en 401, en vísperas de la batalla de Cunaxa, y muere hacia 360). En un artículo biográfico, Piero Meloni, «Tiribazo, satrapo di Sardi», *Athenaeum* 28, 1950, 292-339 sigue la trayectoria de Tiribazo, con particular atención al papel jugado en dos importantes episodios de la política occidental o egea del Gran Rey como son la conducción de las negociaciones de paz con los estados griegos participantes en la guerra de Corinto y la represión de la revuelta protagonizada por el rey chipriota Evágoras de Salamina. Si dejamos de lado el segundo por quedar fuera del marco temporal que nos hemos impuesto, en el primero Meloni enfatiza la lúcida valoración que el sátrapa hace de los acontecimientos, que le permite interpretar que las subvenciones persas al bando antiespartano no hacían sino ayudar a la reconstrucción del imperio ateniense en el egeo y, por tanto, perjudicar los intereses del Gran Rey en el litoral de Asia Menor. Aunque el filolaconismo adoptado por Tiribazo en las conversaciones de paz de Sardes en 392 fue en principio desautorizado por Artajerjes (que le sustituyó al frente de la satrapía por el filoateniense Estrutas), éste finalmente le restauró en su posición en 388, con lo que pudo colaborar con Antálcidas en el fortalecimiento naval de Esparta y subsecuentemente en los preparativos de la llamada paz del Rey en 386, de la que salieron especialmente beneficiados Esparta y Persia.

9.3.2 *Tisafernes*

Como Lisandro, Tisafernes murió apenas iniciada la guerra de Corinto, pero a pesar de ello su influencia se dejó sentir en los acontecimientos que la precedieron. Tisafernes fue sátrapa de Lidia, con sede en Sardes, durante la fase final de la guerra del Peloponeso, hasta que Artajerjes II envió a su hermano menor Ciro en calidad de *káranos* de Asia Menor, con mayores poderes que el sátrapa. El fracaso de la revuelta de Ciro contra su hermano, en la que Tisafernes se mantuvo leal a este último, le devolvió a su antigua posición de poder y aún más, la acrecentó con la concesión del genelato sobre todos los ejércitos del Rey en las satrapías occidentales. Sin embargo, su carrera acabaría trágicamente con su ejecución apenas cinco años después por orden de Artajerjes. En su análisis de este último lustro de su vida, H.D. Westlake, «Decline and Fall of Tissaphernes», *Historia* 30, 1981, 257-279 (reimpreso en *Studies in Thucydides and Greek History*, Bristol, 1989, 289-309) asegura que no fue víctima del capricho de un déspota ni de intrigas de corte, sino de sus propios defectos, concretamente por su obstinación de imponer su voluntad sobre otros y por su incapacidad para apreciar cómo el comportamiento arbitrario con ellos podía dañar sus propios intereses.

10. Mercenariado y esclavismo

Es *communis opinio* en la historiografía moderna que el siglo IV griego asistió a la eclosión del mercenariado –sólo comparable a la que tuvo lugar en Suiza en el siglo XIV de nuestra Era–, a la utilización masiva de soldados de fortuna que veían en esta forma de vida una salida a su situación económica (pobreza) o política (exilio). Por una parte la guerra del Peloponeso había arruinado a una proporción no desdeñable del pequeño y medio campesinado y de la clase artesanal, además de dejar millares de exiliados políticos, por otra el precio de los productos se disparó, con lo que ambos factores propiciaron el caldo de cultivo necesario para explicar esta multiplicación del número de mercenarios dispuestos a alquilar su brazo al mejor postor. El primer síntoma de este proceso fue la expedición de trece mil griegos enrolados por Ciro el Joven en 401 en el fallido intento de destronar a su hermano mayor Artajerjes II y la guerra de Corinto no hizo sino consolidar esta tendencia que rompía la vieja y querida identificación entre hoplita, ciudadano y propietario.

Con permiso de la obra de H.W. Parke, *Greek Mercenary Soldiers. From the Earliest Times to the Battle of Ipsus*, Oxford, 1933, citada más arriba en el epígrafe 5 a propósito del protagonismo adquirido por las tropas subhoplíticas y que abarca un arco cronológico bastante más extenso, el estudio más exhaustivo en este campo es sin duda el de Ludmila P. Marinovic, *Le mercenariat grec au IVe siècle avant notre ère et la crise de la polis*, Annales Littéraires de l'Université de Besançon 372, París, 1988 (traducido del original ruso de 1975 por el polemólogo francés Yvon Garlan y su esposa Jacqueline, el primero de los cuales aporta de su cosecha un interesante prólogo), vertebrado en dos partes bien diferenciadas: si la primera sigue en sentido diacrónico la evolución del papel geopolítico jugado por los mercenarios entre la batalla de Cunaxa en 401 y la de Queronea en 336, la segunda analiza los rasgos característicos de los mercenarios, muy en especial los socioeconómicos (composición y remuneración, conexión con las luchas sociales y con la llamada crisis de la polis, etc.). En concreto el capítulo I, «Entre dos siglos», se ocupa con amplitud de los mercenarios en la guerra de Corinto y sobre todo de Ifícrates y sus peltastas, que para la autora marcaron toda una época, la siguiente (380-360), a la que consagra en su totalidad el capítulo II. Un poco antes, H.F. Miller, «The Practical and Economic Background to the Greek Mercenary Explosion», *G&R* 31, 1984, 153-160 ya había puesto de manifiesto que eran las condiciones económicas y políticas (escasez de cultivos, tierras devastadas, irregular aprovisionamiento, creciente número de parados y desplazados) las que determinaban que un ciudadano pudiera enrolarse como mercenario, no tanto por la escasa paga como por potenciales recompensas de botín, honores e incluso tierras. Desde el punto de vista del patrono se precisaban grandes cantidades de dinero para sufragar la contratación de mercenarios.

Entre los trabajos más específicos, J.A. Krasilnikoff, «Aegean Mercenaries in the Fourth to Second Centuries B.C. A Study in Payment, Plunder and Logistics of Ancient Greek Armies», *C&M* 43, 1992, 23-36 describe el papel de los mercenarios egeos –concepto en el que incluye por ejemplo a los tracios– en el proceso de saqueo y pillaje llevado a cabo por un ejército griego y cómo el botín producto de esa depredación era empleado tanto para abastecer como para pagar a las tropas implicadas. Entre la evidencia utilizada por el autor se encuentran las campañas de los espartanos Tibrón, Dercílidas y Agesilao en Asia Menor a comienzos del siglo IV. Relacionado con el anterior y del mismo autor, «The Regular Payment of Aegean Mercenaries in the Classical Period», *C&M* 44, 1993, 77-95 examina el sistema de pago regular (en dinero o en especie) y de aprovisionamiento a los mercenarios griegos durante la guerra del Peloponeso, la *Anábasis* y en la primera mitad del siglo IV.

Asociado al fenómeno del mercenariado está el del esclavismo, particularmente el problema de la utilización de mano de obra esclava con fines militares. En este sentido la tesis de Peter Hunt, *Slaves, Warfare, and Ideology in the Greek Historians*, Cambridge, 1998 es que en la Grecia clásica los esclavos jugaron un papel importante militarmente, bien que su condición social motivaba que las fuentes obviaran o minimizaran esa participación escudándose en razones ideológicas. El libro se sustenta en las tres fuentes literarias clásicas *par excellence*: Heródoto, Tucídides y Jenofonte. En concreto Hunt dedica a Jenofonte los capítulos 8, 9 y 10 (págs. 144-205): en el 8 se centra en la teoría de que Jenofonte veía la guerra como un campo de pruebas donde demostrar los valores del ciudadano libre y donde la esclavitud es consecuencia de la derrota; en el 9 se presenta la dualidad de Jenofonte, que si en general condena el uso de esclavos en la guerra, en ciertos escritos que se apartan del género histórico (el más vinculado a la ideología ciudadana) llega a recomendarlo; en el capítulo 10 se aborda el declive de la ideología hoplítica y de forma paralela la devaluación del prestigio de la guerra (debido a la creciente participación de mercenarios y esclavos y la posibilidad de convertirse en un medio de promoción social).

El caso del hilotismo en Lacemonia es muy particular por su carácter colectivo y étnico. La agudización de la *oliganthropía* o escasez de ciudadanos de pleno derecho obligó a Esparta a emplear neodamodes (hilotas liberados) ya en la primera parte de la guerra del Peloponeso (desde 424 en concreto) y no dejará de hacerlo durante todo su período de hegemonía, hasta Leuctra. Sin embargo, la libertad no llevaba aparejada los derechos de ciudadanía para estos nedamodes, que no perdían su carácter de dependientes respecto del cuerpo cívico. Su caso es similar, pues, al de los motaces y los *hypomeíones*, que tenían en el servicio militar un medio de hacerse un hueco en la sociedad lacedemonia, si quiera parcialmente, y su presencia coincide, no por casualidad, con el período de mayor esfuerzo bélico por parte de Esparta. Se han ocupado de esta problemática: R.F. Willets, «The Neodamodeis», *CPh* 49, 1954, 27-32; Teresa Alfieri Tonini, «Il problema dei 'neodamodeis' nell'ambito della società spartana», *RIL* 109, 1975, 305-316; Umberto Cozzoli, «Sparta e l'affrancamento degli iloti nell V e nel IV secolo», *MGR* 6, 1978, 213-232; G.G. Bruni, «Mothakes, Neodamodeis, Brasideioi», en *Schiavitù, manomissione e classi dependenti nel mondo antico*, Roma, 1979, 21-33; M. Furuyama, «Minor Social Groups in Sparta: *Mothakes, Trophimoi* and *Nothoi* of Spartiatai», *KODAI* 2, 1991, 1-20; Françoise Ruzé, «Les inférieurs libres à Sparte: exclusion ou integration?», en *Mélanges P. Lévêque*, VII, París, 1993, 297-310; J. Christien-Tregaro, «Les bâtards spartiates», en *ibid.*, 33-40; Pierre Carlier, «Les Inférieurs et la politique extérieure de Sparte», en *Mélanges P. Lévêque*, VIII, París, 1994, 25-41; *Id.*, «Gli ὑπομείονες a Sparta», *QIASA* 5, 1996, 27-31.

Poco antes del estallido de la guerra corintia, Esparta sufrió un serio intento de subvertir el orden establecido a causa de la conspiración de Cinadón, un *hypomeíon* o «inferior» que según Jenofonte aglutinó bajo su liderazgo a las heterogéneas clases dependientes lacedemonias, hilotas incluidos. Sin embargo, en C. Fornis, «La conjura de Cinadón ¿paradigma de resistencia de los dependientes lacedemonios?», en *XXXI Colloque du GIREA: Resistencia, sumisión e interiorización de la dependencia*, Salamanca, en prensa, hemos defendido que, lejos de parecerse a una sublevación hilótica, esta amenaza fue protagonizada por individuos «desclasados», privados de la ciudadanía, que pretendían forzar su entrada en el cuerpo cívico. En cualquier caso, el episodio es significativo de las agudas tensiones internas que vivía la sociedad espartana con el cambio de siglo.

11. Cronología

Numerosos acontecimientos de la guerra de Corinto, sobre todo en los años centrales de la contienda, presentan graves problemas de datación, producto por una parte de la vaguedad e indefinición cronológica de Jenofonte y, de otra, del confuso cómputo anual utilizado por Diodoro (*vid. supra* el apartado 1.13), quien además para este período de la historia de Grecia intentó adaptar, no siempre con éxito, la peculiar narrativa de Éforo.

Un antiguo trabajo de G.E. Underhill, «The Chronology of the Corinthian War», *JPh* 22, 1894, 129-143 se resiente en demasía de la utilización casi exclusiva de Jenofonte como fuente para la construcción de una cronología coherente para todo el conflicto, dado que los papiros de Oxirrinco no habían sido descubiertos. Idéntica circunstancia soporta la obra de W. Judeich, *Kleinasiatische Studien*, Marburgo, 1892, 23-112, pese a lo cual conserva su importancia.

Otros viejos trabajos como los de K.J. Beloch, «Die Nauarchie in Sparta», *RhM* 34, 1879, 117-130 y L. Pareti, «Ricerche sulla potenza marittima degli Spartani e sulla cronologia dei navarchi», *MAT* 59, 1908-1909, 71-159 (reimpreso en *Studi minori di storia antica, II: Storia greca*, Roma, 1961, 1-131) se ocupan sobre todo de cuestiones cronológicas en torno a la navarquía o almirantazgo espartano: origen del cargo, fecha de entrada y salida de funciones, duración, competencias, posible iteración, identificación de navarcos, etc., sobre todo durante las guerras jónica y corintia, suscitadas por la confusión de la narración jenofóntica en este sentido (Pareti incluye un apéndice en páginas 119-131 con la relación de navarcos espartanos desde las guerras médicas, momento en que él considera se creó esta «magistratura», hasta la batalla de Leuctra en 371).

Un trabajo ya citado en los apartados 1.1.5, 1.1.7 y 7.2, el de Piero Treves, «Note sulla guerra corinzia, II. Il *De pace* di Andocide e il *Menèsseno*», *RFIC* 15, 1937, 120-140, concede amplio espacio a una revisión cronológica de los acontecimientos de la guerra de Corinto como premisa indispensable para su datación de las dos obras mencionadas en el título, que para el estudioso italiano vieron la luz en un intervalo de tiempo inferior al año, entre la primavera de 391 y el verano de 390. También la ya mencionada obra de T.T.B. Ryder, *Koine Eirene. General Peace and Local Independence in Ancient Greece*, Oxford, 1965 dedica su apéndice XV (págs. 165-169) a establecer una cronología de la primera parte de la guerra de Corinto a fin de determinar la fecha de los frustrados encuentros diplomáticos de Sardes y Esparta, que para él tuvieron lugar en ese orden, primero en Lidia a comienzos de 392 y luego en Esparta en el invierno siguiente.

E. Aucello, «Ricerche sulla cronologia della guerra corinzia», *Helikon* 4, 1964, 29-45 ha analizado los hechos de cronología incierta de la primera mitad del conflicto, particularmente los que transcurren entre los años 393 y 390: masacre de oligarcas corintios, batalla y captura del puerto de Lequeo por los lacedemonios, primera invasión espartana de la Argólide y aniquilación del batallón lacedemonio por Ifícrates. Después de exponer los dos esquemas cronológicos «tradicionales» (el de Grote-Beloch y el de Judeich-Momigliano-Wilcken), Aucello discute con amplitud las fuentes para cada uno de estos episodios y hace su propia propuesta de cronológica, que viene a coincidir sustancialmente con la pergeñada por E. Meyer y U. Kahrsted en sus respectivas obras sobre la historia de Grecia de comienzos del pasado siglo.

En lo que atañe a acontecimientos más precisos, G.A. Lehmann, «Sparta's ἀρχή und die Vorphase des korintischen Krieges in den *Hellenica Oxyrhynchia*», *ZPE* 28, 1978, 107-126 y 30, 1978, 73-93 sostiene que el enigmático «octavo año» que comienza en *Hel. Oxy.* 9.1 sería el 395/4, frente a una mayoría de estudiosos que se inclina por 396/5 bajo la premisa de que el anónimo de Oxirrinco inició su relato en 403/2 (un año significativo, el de la reconciliación ateniense).

Una anotación de E. Harrison, «A Problem in the Corinthian War», *CQ* 7, 1913, 132 cuestiona la cronología de Diodoro acerca de la captura de Heraclea Traquinia por los beocios en el invierno de 395/4 argumentado que, puesto que en el verano siguiente Agesilao, en su regreso de Asia, no encontró oposición a su paso por la colonia y las Termópilas, el Sículo había adelantado unos acontecimientos que en realidad habrían sucedido con posterioridad al verano de 394. Su hipótesis fue rebatida en otra breve nota por M. Cary, «Heracleia Trachinia», *CQ* 16, 1922, 98-99.

El trabajo de Charles Hamilton, «Étude chronologique sur le règne d'Agésilas», *Ktèma* 7, 1982, 281-296 ha sido comentado ya en el apartado 9.2.2.

Finalmente la contribución de Christopher Tuplin, «Lisias XIX, the Cypriot War and Thrasybulus' Naval Expedition», *Philologus* 127, 1983, 170-186 intenta datar los acontecimientos referidos por el discurso XIX de Lisias y valorar de qué forma tal fecha incide sobre la cronología de la guerra entre Evágoras de Salamina y el Gran Rey y sobre la propia expedición naval de Trasibulo.

www.ingramcontent.com/pod-product-compliance
Ingram Content Group UK Ltd.
Pitfield, Milton Keynes, MK11 3LW, UK
UKHW061213180426
11947UKWH00029B/2030